小1担任のための スタート カリキュラム ブック

安藤 浩太

明治図書

はじめに

　スタートカリキュラムの様々な研修や研究会に呼ばれてお話をしたり，自分自身も一参加者として参加したりする中で，次のような感想が多く聞こえてきます。

　「準備が大変そうで，私の学校ではできそうにありません」
　「○○（附属小学校やスタカリ先進校など）だから，○○（先生）だから，できるのであって，一公立学校では難しい」

　これらの意見を聞いて，私もそうだろうなと頷いてしまいます。スタートカリキュラムの本を執筆しようとする私ですらです。
　小学校1年生を担任されたことがある方なら分かっていただけると思いますが，それほど小学校1年生の4月というのは怒涛の日々なのです。年度末の進級処理を終えたと思ったら4月になり，4月になったと思ったら，もう目の前に1年生の子供たちがいるのです。準備する時間すらほとんどありません。
　そんな苦労を私も1年生を担任するたびに経験してきました。
　だからこそ，上述したような意見にとても共感するのです。
　でも皆さん，こうした感想をおっしゃる前に必ず次のような枕詞をつけるのです。
　「こんなことができたらいいけれど……」
　「まさに，幼児期の学びからつながっていて理想的だけれど……」

　いいものだと感じ，理想的だなと感じるにもかかわらず，無理だと感じるのはなぜなのでしょうか。それは知識と時間の問題ではないでしょうか。

きっと知識（方法）と備える時間さえあれば，多くの1年生担任の先生方はスタートカリキュラムを実践してみたいと願っている——前述の言葉からはそう，強く感じるのです。

　だって，私たちは誰しもが子供たちの日々の幸せや笑顔を願い，確かに成長できるように実践していますから。私はそう信じています。

　しかし，備える準備の時間も，そして具体的な方法を知る術もありません。国語の指導書はあってもスタートカリキュラムの1時間ごとの指導書はありません。やりたいと願っても困難な実情があります。

　だからこそ，本書を執筆しようと強く思ったのです。

　本書はスタートカリキュラムについての基礎的・基本的な考え方だけでなく，そういった考え方のもと，どのような実践が考えられるのか，週案を示し，1時間の授業の活動例の案を具体的に載せています。

　そして，そういったスタートカリキュラムの理念や実践を貫く，私なりの視点やスタートカリキュラムに至るまでの幼児期教育で大切にされてきたことについても書いてあります。

　さらに，スタートカリキュラムは授業だけでなく，子供たちの小学校生活全てに関わってきますから，小学校1年生の4・5月で大切にしたいポイントを網羅的に記しています。

　1年生の4・5月の指導が分からなくて困っている……という方
　新しくスタートカリキュラムを始めてみたいけれど……という方

試しにスタートカリキュラムをやったけれど，しっくりこないという方

　そんな方々の困り感の解決の糸口になり，「挑戦してみたい！」といった気持ちを少しでも後押しできる1冊になればと思います。

　スタートカリキュラムを長年実践してきて強く思うのは，実践することで確実に教師としての「観」が広がり，間違いなくもっとこの仕事が楽しくなるということです。ぜひ皆さんもスタートカリキュラムにチャレンジしてみてください。

安藤　浩太

目次

やってみよう！
スタートカリキュラム
アクション編

スタカリ第1週目

スタカリ第2週目

スタカリ第3週目

スタカリ第4週目

第4章

使ってみよう！
スタートカリキュラム
図鑑編

常時アイテム

授業アイテム

おわりに

引用・参考文献一覧

第1章

小学1年生は
「遊び」で育てる

1 そもそも，スタートカリキュラムとは？

本書のタイトルにもあるスタートカリキュラム。
そもそもスタートカリキュラムとは，どのようなものなのでしょうか。

> スタートカリキュラムとは，小学校に入学した子供が，幼稚園・保育所・認定こども園などの遊びや生活を通した学びと育ちを基礎として，主体的に自己を発揮し，新しい学校生活を創り出していくためのカリキュラムです。
> （文科省『スタートカリキュラムスタートブック』p.2）

とある通り，スタートカリキュラム（以下，スタカリ）とは，幼児教育から小学校教育へのスムーズな接続を意識したカリキュラムのことです。

カリキュラムというと，どこかかたく難しいイメージを持たれるかもしれません。ですが難しいものではなく，小学校1年生のスタートである4・5月の学習の計画を立てるということです。そして，計画を立てるうえで幼稚園や保育所，認定こども園（以下，園）での子供たちの育ちや経験も加味しましょうというのがポイントです。

でも，つなぎ方とひと言で言っても，いろいろなつなぎ方がありますね。

みなさんが思い描くスタカリのつなぎ方はどんなイメージでしょうか。

右図の上の矢印のようなイメージでしょうか。それとも，下の丸から三角の形へと形が変容しているようなイメージでしょうか。

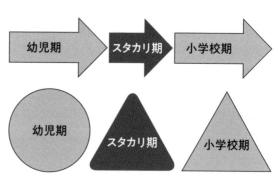

スタカリの接続イメージ

私が思い描く理想の幼小接続
イメージは，右図のように，幼
児期に学んだことを生かして，
ブロックが積み重なっていくイ
メージです。右だと破線が幼児
期，そこから上が小学校期を示
しています。

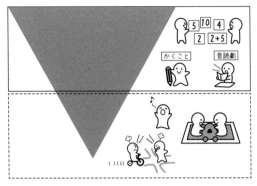

理想のスタカリの接続イメージ

　それは考えてみれば当たり前
で，小学校1年生は，小学校生活のスタートではありますが，人生のスター
トではないからです。

　確かに，小学校1年生は入学時に全員がひらがなを書けるわけではなく，
小学校のルールなどほとんど知りません。
　でも母親から生まれて，自力ではほぼ何もできない赤ちゃんという存在か
ら，様々な人やものといった環境と関わり，遊びや普段の生活を通して試行
錯誤する中で，歩けるようになり，食事ができるようになり，多様な人やも
のと関わることができるようになってきたのです。生まれてから乳幼児期の
間に，実に多くのものを積み重ねていることが分かります。
　ひらがなも計算も小学校生活を送るうえでの社会的なスキルも乳幼児期か
ら連続した学びの過程だと捉え
ることが大切です。

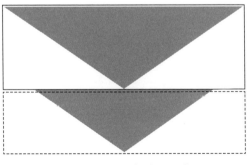

　しかし，学びは積み重なって
いくべきだと分かっていても，
実際は右図のようになってしま
うこともあります。それまで学
びを積み重ねても，また1年生

スタカリの現実イメージ

になると0からスタートするというようにです。

　例えば，入学してからの1週間。話の聞き方，トイレの使い方，手の挙げ方，発表の仕方などといった「○○の仕方，型」といった指導に終始する。「1年生を迎える会」といった歓迎セレモニーが行われるまでは校庭で遊ばせない。

　こういったことはないでしょうか。お恥ずかしいことに，これらの例は私自身が初めて小学校1年生を担任した際のものです。

　語弊を与える言い方であったかもしれませんが，私はこれらの指導はある意味で当然のことだと思っています。なぜなら，小1担任であれば誰しもが目の前にいる子供たちが困るのは見たくないからです。教師が教えなかったばっかりに，困ってしまったり失敗してしまったり。それはとてもかわいそうなことなのです。

　ましてや小学校1年生で身に付けた姿勢というのは，きっと6年生まで引き継がれるものです。小1担任の重責がズシリと肩にのしかかってくる気がしませんか。

　でも，その「やってあげなければ」といった思いの裏には，「小学校1年生は何もできないから」といった思い込みがあるのではないでしょうか。「0からのスタート」であるから，困らないように手取り，足取り全てを教えるといったようにです。

　もちろん小学校という環境は初めての場ですから，教えなければならないことはあります。でもそれが過度であったり，それまでの積み重ねを無視したりするのは改善されるべきだと思います。

　それは大人であっても，たとえ小学校1年生あっても同じです。知らないことは教えるべきですし，教えなくてもできることは見守るべきです。

では，なぜこうして「０からのスタート」だと思って，あれもこれもと指導しなくてもよいことまで指導してしまうのか。私は２つの原因があると考えています。

□小学校１年生の前，幼児期に学んできたことについて知らないから
□読み書き能力（リテラシー）前提の学習観や指導観をもっているから

の２つです。

私たちが２～６年生で指導イメージがもてるのは，それまでの積み重ねを知っているからです。１年生で「３＋３＋３」のたし算を学習したから，２年では「３×３」を学習するし，３年生では「９÷３」と積み重なっていくのが想像できます。それ以外の小学校のルールや，日直や当番，係活動などの学級運営でも同じことが言えます。

園と小学校では校種も違います。校種が違うということは学習内容や学習方法，評価方法や学習施設も異なります。園での学びはまさに未知のベールに包まれています。

でも，裏を返せば「知ればよい」のです。

知れば，子供の見方が変わり，指導の方法が変わります。そして，それは「学ぶとはどのような営みなのか」という教育観をより豊かに耕してくれます。実際に私がそうでした。スタカリの実践を通して，私は自分自身の「観」が幾重にも揺さぶられ，豊かになったことを実感しています。

だからこそ本章では，小学校１年生の４月指導に直結はしないけれど，この小学校１年生の４・５月を考えるうえで大切になる教師の在り様の土台についてお話できたらと思います。

2 子供たちは幼児期に何を学ぶのか

▌園での学びをのぞいてみよう

　子供たちは園で何を行い，何を学んでいるのでしょうか。

　いやあ，小さい子らしく楽しく遊んでいると思います。そんな答えが返ってきそうです。

　では，遊んでいるだけなのですか。続いてそう尋ねると，答えに困るのではないでしょうか。園で子供たちは遊んでいるだけなのか，ある一場面を紹介します。

　どうやらお店屋さんごっこをしているようです。品物は，かき氷ですね。白画用紙で氷を作り，色紙を細かく切ってシロップに見立てています。あ，メニュー表もありますね。

　もちろんお客さんもいて，注文を聞いたり，何かお金のやりとりもしたりしているようです。

　さて，目を輝かせて遊んでいた子供たち。この子たちは遊んでいるだけでしょうか。いえ，違いますね。

　□お客さんと会話することで，言葉で伝え合う力が育まれる。
　□お金のやりとりをすることで，数量感覚が育まれる。

まだまだたくさんの学びが隠されていますが，例に挙げただけでも，子供たちは，園での遊びや生活を通して実にたくさんのことを学んでいることが分かります。

　そのさらなる証拠として，小学校入学前までに育みたい資質・能力をまとめた「幼児期の終わりまでに育ってほしい10の姿」という指標を見てみましょう。言葉による伝え合いや思考力の芽生えなど全部で10観点あります。具体的に，

　　□物の性質や仕組みについて考えたり，気付いたりする。
　　□クラスみんなで共通の目的をもって話し合ったり，役割を分担したりして，実現に向けて力を発揮してやり遂げる。
　　□文字や様々な標識が生活や遊びの中で人と人とをつなぐコミュニケーションの役割をもつことに気付き，読んだり，書いたり，使ったりする。

など，なかには「え，こんな高度なことを入学前にできるようになるのを目指すの!?」といった項目もあります。

　そしてそれは，分数のわり算ができる，漢字が何百字書けるといった子供たちの外側にあるものでなく，遊びと生活といった子供たちの日常生活とつながっている必要感のある学びだと言えます。

　そして，園での学びを考えたときに，湧きおこるのは，「遊び」と「学び」は一緒なのか違うのかという疑問ではないでしょうか。

　例で見たように，幼児期では遊びながら学び，学びながら遊ぶというように，まさに遊びと学びは渾然一体なのです。子供たちは遊びや生活といった総合的な活動の中で，「健康，人間関係，環境，言葉，表現」といった生きるうえで欠かせないほとんどのことを一体的に学ぶのです。

　それでは，もっと他の幼児期の学びの事例ものぞいてみましょう。

　ぜひ，先生方の関わり方にも注目してみてください。

もっと園での学びをのぞいてみよう

とある日，複数人の園児が
工作していました。紙にお姫
様の絵を描いて見せ合いっこ
しているようです。

「私は黄色のプリンセスね」
「じゃあ，私は水色！」

と好きな色を選びながらとて
も楽しそうです。園の先生も
輪に入って一緒に遊んでいま
す。

　そのうち，ある子ができあがった絵を動かしながら，何かつぶやき始めま
した。先生もそれに応えるように，絵を動かしながら会話を始めました。
　するとある子が，
　「ちょっと待ってて！」
と言って走っていき，工作紙や折り紙，ストローやトイレットペーパーの芯
などが準備されている材料コーナーから割り箸をもってきました。どうやら
紙をきってペープサートを作って遊ぶようでした。

　それを見ていた先ほどの先生。おもむろに動き出し，布をかけた長机を持
ち出し，その前に園児のイスを並べ始めました。すると，それに気付いたペー
プサートグループ。台の上でペープサート劇遊びを始めました。
　次第に，他の子たちもわらわらと寄ってきて，椅子に座り始めます。いつ
の間にかお客さんまでいる遊びに発展していきました。

別のある日，みんなが
教室で遊んでいるようで
す。見ると，教室の真ん
中には，たくさんの新聞
紙の束が積まれています。

　何をするのかな，と子
供たちがソワソワしてい
ると，新聞紙でできた素
敵なとんがり帽子をかぶ
りステッキをもった魔法
使いに扮した先生が教室にやってきて言いました。
　「今日は皆さんに素敵な魔法をかけてあげましょう」
　どうやら，新聞紙でいろいろなものを作るようです。みんな一斉に遊び始
めます。魔法使いの帽子を作る子もいれば，作り方を教えてもらって杖を作
っている子もいます。
　「あっ，いいこと思いついた！」

　そのうち，一人が洗濯ばさみを使って，体に新聞紙を巻き付け，ドレスを
作り始めました。それを見た他の子も次々と新聞紙で服を作り始めます。ふ
と気付くと，先生が教室の隅に鏡を，中央にひな壇を配置していました。そ
れに気付いた子供たち。鏡の前で自分のドレスを見てニコニコ笑ったり，さ
らに手を加えたりしています。

　ついには，ひな壇に上がって，踊ったり，服を見せ合ったりするファッシ
ョンショーまで始まっていきました。新聞紙の紙吹雪を作る子が出てきて，
たくさんの新聞紙の紙吹雪も舞っています。みんなの魔法で新聞紙が変身し，
たくさんの笑顔が生まれる時間となりました。

┃3つの事例から

　さて，学びがたくさんつまった幼児期の学びの事例を3つ紹介してきました。これらは私が実際に参観した事例です。

　園児のキラキラした学びの姿はもちろんなのですが，それを支える園の先生方の職人技とでもいうべきプロフェッショナリズムに唸ったのを覚えています。

　先述したお店屋さんの事例もペープサート劇，新聞紙遊びの事例でも，先生が「〜しなさい」「今日は○○をします」と直接的な言葉かけをする場面は見ませんでした。にもかかわらず，遊びは絶えず変化し発展します。周りの人を巻き込みながら遊びに1つの物語（ストーリー）が生まれていきます。

　それは決して偶然ではありません。園の先生方の援助と呼ばれる支援によって成り立っています。事例1でいえば，絵を描くことから，描いた絵でペープサートを使って遊ぶこと，そしてすばやく舞台を作り上げることで完成したペープサート遊びに周囲を巻き込んでいく工夫がされています。

　言葉かけをすることで直接的に関わるだけでなく，遊びが発展するように環境を再構成していく。その力が優れているのです。そのためには，子供たちの様子を的確に見取り，遊びのストーリーを思い描き，そこに「この子にこう育ってほしいというねらい」といった教師の願いを重ねていく必要があります。

　そして何より素晴らしいのは，そこまで明確に思い描きながら自身は黒子に徹するという点です。直接的な言葉かけによって引き上げるのではなく，試行錯誤する中で子供たちが自分から気付くことができるように，環境を整える。そうして，主体性も育んでいく。

　それは裏を返すと，「適切な環境さえあれば，子供たちは自ら学ぶ力がある」と，園の先生方が子供の可能性を信じているからなのでしょう。

3 幼児期の学びと小学1年生の学び

▌幼児期の学び，小学校の学び，比べてみると

　さて，幼児期の学び，そしてそれを支える園の先生方の援助の在り方を見て，どのような感想を抱いたでしょうか。

　ここで一度，図にしてまとめてみましょう。

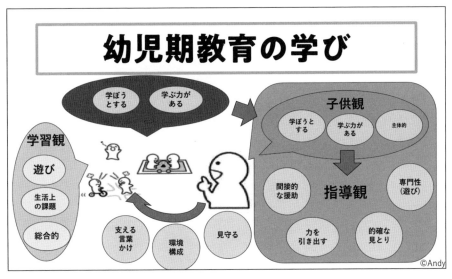

幼児期の学び

　事例から幼児期であっても子供たちは，ドキドキ・ワクワクしながら主体的に遊んだり生活上の課題を解決したりして自ら学ぼうとする存在であることが分かります。それはたとえ3歳の年少クラスであっても，子供たちは自ら学ぼうとしているし，学ぶ力があるといえます。

　そして，園の先生方は子供のそういった可能性を信じているわけです。

だからこそ，教師の指導観，つまり園の先生方が子供たちへの関わりで大事にしているのは，主体性を引き出す間接的な援助でした。

　紹介した事例でも子供たち自らが気付くことができるように，「洋服を確認できる鏡を設置する」，「劇遊びの簡易シアターを作る」など環境を常に再構成しながら工夫していました。

　他にも子供の思考を促す適切な言葉かけをしたりして，子供たちが自然と学びを深められるように援助していました。

　そうやって，適切なタイミングで子供たちに働きかけることができるのは，園の先生方が子供たちを的確に見取り，遊びの系統性を把握しているといった高い専門性があるからです。また，幼児期の学びは個別バラバラなものではなく，遊びや生活上の課題がつながっていき，1つの大きな活動の中で総合的に学んでいるのも大きな特徴でした。

　さて，子供観，指導観，学習観という3つの「観」で幼児期の学びをまとめてみました。では今度は，この3つの「観」に沿って小学校期の学びと比べてみましょう。

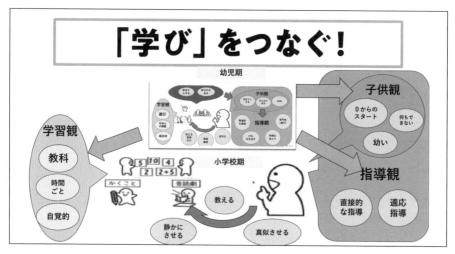

幼児期と小学校期を3つの「観」で比べてみる

幼児期の学びと小学校期の学びを学習観と指導観，子供観といった３つの観点で比べてみると，違いはよりはっきりします。

　まず，園では遊びや日常生活の問題解決などがメインとなる活動ですが，小学校では教科学習がメインの活動になるといった内容の違いに目が向きます。

　では，園での遊びをスタカリでもやってみるというように，学習の内容をつなげればいいのかといえば，そうではないと思うのです。私は教師の子供の捉えや関わり方・指導の仕方といった違いを埋めることこそが何より大切だと考えています。

　例えば，初めて小１担任をしたときの私みたいに，入学してすぐの１年生にあれもこれもと指導しすぎることはありませんか。その裏には，「小１は何もできない存在だ」とする子供観があるように思います。

　でも実際は，先ほど見たように，幼児期であっても子供たちは自ら学ぼうとし，学ぶ力がありました。

　このように比べてみると，小学校と園では，とりわけ「子供の捉えといった子供観」と「関わり方といった指導観」に違いが見られます。

　これまで紹介してきたような園での学び，その結果の育ちを知らないからこそ，「０からのスタート」だとする子供観が形成される。そして，その結果，「あれもこれも教えてあげなければ」という指導観になる。結果，教師主導の授業や単元であろうとする学習観になる，というわけです。

　けれど，それは幼児期の学びを支える園の先生方の在り様とは驚くほど真逆であることが分かります。それほど真逆の環境ですから，子供たちが戸惑うには無理のない話です。

　学習環境，評価方法，遊びと教科など目に見える園と小学校の違いの根底には，実は学習観，指導観，子供観といった『観』，つまりマインドの違いがあります。接続を考えたとき，まず考えるべきは，型でなくマインドだということです。

「遊び性」でつなぐ

　子供たちは自ら学び，育つ力がある。だからこそ，幼児教育ではそういった子供たちの思いや願い，楽しいといった心のドキドキやワクワク，つまり主体性を大事にしていました。

　幼児期の子供たちは楽しさ故に，挑戦し，試し，ある対象へと自ら働きかけます。そうしてその中で，比べたり関連付けたり見立てたりしながら，考え判断し，再び対象へと働きかけ，それが表現となります（思考・判断・表現）。そうして楽しいからこそ，それらは繰り返され，対象への関わりが深くなり，様々なことが分かったりできたりするようになっていきます（知識・技能）。

　楽しいという気持ちの揺れ動きこそが遊び始める，学び始めるきっかけや最大の理由であって，その楽しさを引き出すのが遊びという活動でした。

　幼小接続を考えるうえで，3つのマインドと遊びは密接に関わってきます。そのときに気を付けたいのが，遊びはある一定の形態でないということです。

　右のイラストを見てください。ある幼稚園での一場面です。先生と子供たちみんなで相談し，まず全員で大縄を使って遊ぶことにしたようです。

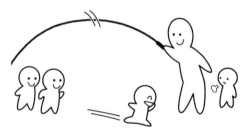

　縄を回している先生や子供たちも縄で跳んでいる子供たちもとても楽しそうです。さて，どのような会話が聞こえてきそうでしょうか。

「ねえ，跳べたよ！」

「一緒に跳ぼうよ」

そんな声が聞こえてきそうです。実際そのような声が聞こえてくることでしょう。しかし，その後縄跳びをしていた子たちがこんなことを言ったとしたら，どうでしょうか。

「先生，もう終わりにして遊びに行っていい」

このことからも分かるように，縄跳びだから，鬼ごっこだから誰もが遊びだと思うわけではなく，その子にとっての楽しい活動が遊びとなっていくのです。そういった意味で，私は遊びで大切なのは，ある活動が遊びに「なる」ときの心的態度だと考え，「遊び性」と呼んでいます。そして，私は古今東西の遊びの知見や研究をもとに，遊びになる条件を次のように捉えています。

> ①遊び手が楽しいと感じる活動であること（快楽性）
>
> ②遊び手が外部から強制されたり，拘束されたりするという感じをもたないこと（非強制感）
>
> ③遊び手にとって遊ぶこと自体が目的となる連続した文脈が形成されていること（属文脈性）

この３つの条件が揃ったとき，遊び手にとって，ある活動が遊びとなり，そこに夢中，熱中，没頭が生まれていきます。

そうした遊び性はどのような活動でも起こりえます。子供の心に火を灯すこと。そうしてその火が大きくなり，その活動に夢中，熱中，没頭できるように手助けすること。遊び性を喚起し，子供たちの内側のゆらめきに目を向けること。

それは，まさに幼児教育で遊びを通して大事にされてきたこととともつながってきます。幼児教育と小学校教育の接続を考えたとき，この遊び性を小学校でも実現しようと考えると，必然的に３つのマインドを転換する必要があります。

▌「遊び性」でつなぐ方策

　快楽性，非強制感，属文脈性といった３つの条件といっても言葉が難しいですね。この３つの言葉はそれぞれ，下のように言い換えることができます。

○楽しくなる（快楽性）
○自由になる（非強制感）
○物語になる（属文脈性）

　ここでは，３つの条件を満たすための具体的な手立てについて紹介します。

○楽しくなる（快楽性）

　楽しくなるために参考にするのは，ホイジンガやカイヨワ，山田の遊びの類型化です。簡単にいうと，遊びには６つの種類（要素）があるという考え方で，下のようになります。

種類（要素）	説明	具体例
競争の遊び	競争を伴う遊び	かけっこ，スポーツ等
偶然の遊び	運を伴う遊び	じゃんけん，すごろく等
模擬の遊び	真似，模倣を伴う遊び	ごっこ遊び，劇等
感覚の遊び	諸感覚が揺さぶられる遊び	ぶらんこ，砂遊び等
収集の遊び	収集，採集を伴う遊び	昆虫採集，石集め等
創造の遊び	創造や創作を伴う遊び	ブロック遊び，お絵かき等

　例えば，ひらがなを書くという学習。文字の丁寧さを競うと競争の遊びの要素を入れたり，学習したひらがながつく言葉を集めるといったように収集の遊びの要素を入れたりしてみる。そうするだけで，グッと面白くなりませんか。
　それぞれ活動にはどのような遊びの要素があるか考えたり，楽しくなるために，ある活動に遊びの要素を組み入れた活動を考えたりしていくことで，その活動が楽しさを内在した活動になっていきます。

○自由になる（非強制感）

　自由になるためのヒントは「自己選択・自己決定の機会」にあります。ある活動を行うとき，1から10まで教師に指示されたことを行うだけでは，そこに自己選択も自己決定の機会もなく，つまらなさを感じます。そこで，単元や授業の要所に自己選択・自己決定できる機会を設けます。

　具体的に，次のような視点でどのような機会を設けられるか考えるとよいでしょう。

　・教材の自由（何で学ぶか，何を学ぶか）

　・学習方法の自由（誰と，どこで，どうやって学ぶか）

　・学習量の自由（どれくらい学ぶか）

　これらをワンポイントで取り入れたり，組み合わせたりすることで，活動の自由度は増していきます。子供たちの実態に応じて委ねられる範囲を決めるようにするとよいでしょう。

○物語になる（属文脈性）

　物語になるとは，毎時間教師から与えられたバラバラな活動をこなすのでなく，「今日は砂遊びをしていて，泥団子ができたから，明日はこれを使ってお店屋さんをしてみるの！」というように，子供たちが今活動していることも意味や価値，流れを理解しているということです。

　物語（ストーリー）を編めるかがこの遊び性でもって，幼小接続を実現できるかの肝です。事例にもあったように，幼児期の学びは連続していくことで遊びがダイナミックになり，学びが深まっていっていました。そして，それには園の先生方の的確な援助がありました。

　子供たちにとって，ある活動が物語になっていくためには，次のようなことを意識するとよいでしょう。

　・単元の始まり方や終わり方をどうするか。

　・単元のねらいを実現するためにどのような活動をどのような順序で行うとよいか。

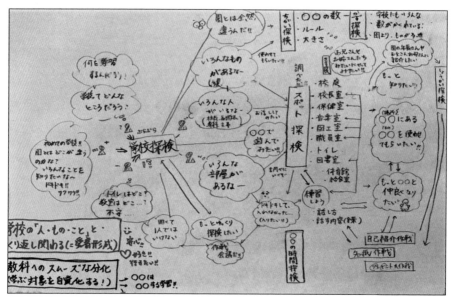

　そのために，私は上のような分岐型のストーリーマップを作成しています。上の写真は，学校探検単元のストーリーマップです。探検といっても子供たちが何に着目し，どんな思いや願いを抱くかで多種多様な探検が考えられます。「まずこの探検をしたら，子供たちはきっと〇〇に目がいくのではないか。だから，次はこの探検をしたいと願うかも」と，子供たち視点で，気付きや思いや願いと共に，その多種多様な探検の種類やルートを幾重にも思い描いていきます。

　ルートは一方向でなく，行きつ戻りつすることも想定します。そうすることで，ストーリーを形作ろうとする子供たちの言動をすくい上げ，次へとつなぐことができるようになります。

　また，子供たちのやりたいことが関連してつながっていくように「単元を貫く問題（課題）の設定」と「学びを紡ぐ振り返りの設定」も意識するとよいでしょう。そうすることで，子供自らが自覚的に学びを紡ぐことができるようになっていきます。

■「適切な環境」を考える

　楽しそうなことを前に心が揺れ動き，自由になり試行錯誤しているうちに頭も体も働いてくる。そうした積み重ねによってストーリーになっていく。そうしてある活動が子供たちにとって遊びとなり，夢中，熱中，没頭しながら学んでいくことが大事だとお伝えしてきました。

　そこには「子供たちは適切な環境があれば，自ら学ぶことができる」といった子供観が根本にあります。しかし，それはあくまで「適切な環境があれば」という括弧書きがつきます。植物にも自ら育つ力はありますが，土が荒れていたり，水がなかったりし，適切な環境がなければ育っていかないのと同じです。

　一概に適切な環境といっても，多種多様に考えられます。遊びになるための，楽しくなる，自由になる，物語になるといった3つの条件は授業の大枠といった環境を整えるためのものです。ここでは，それ以外の「適切な環境」にはどのようなものがあるか紹介します。

○人的環境

　一番の環境，それは「人」です。そして，それは指導観で触れたところとも大きく関わってきます。私自身，子供たちの遊び性を引き出すために，間接指導と直接指導のバランスを大切にしています。直接指導が多すぎると，従来のように「させられている」感が強くなります。かといって，委ねるという言葉のままに放任してしまうと，子供たちは野放図になってしまいます。だからこそのバランスです。具体的には，次のような関わり方を意識しています。

・子供たちのストーリーを見取る

　→教師は気になっても活動中にいきなり介入しません。最低でも数秒〜数十秒はその子が何を考え，何をしているか理解することに努めます。

・これまでの経験（園）を引き出す声かけ

→全て教師が決めてしまって1から説明するのではなく，「これまでは，どうしていたの？」，「園ではどうだった？」と投げかけます。そうすることで，園ですでに経験したことを使えるのだという安心感が芽生えます。同時に，今もっているもの（既習知識，生活経験）を使って，新たな問題を解決していこうとする態度が生まれます。

・「比喩」と「オノマトペ」を使った説明と指示

→なかには，新しいこともあるため直接指導しなければいけないこともあります。そのとき，意識すべきは「短く」「分かりやすい」こと。そのために，「比喩」と「オノマトペ」を使います。どちらとも様子を直感的かつ具体的に描きやすくするための言葉や表現技法です。例えば，「靴のかかとがピシッとそろっていてかっこいいね」「目からビームがとんできているね」「石みたいにドシンと座って動いてないね」など。

○教室環境や学習環境
・見て分かる説明（掲示）

→朝の支度で，お道具箱に入れるものを始めとして，新しく知る仕組みや学習することも多いです。その際に，いつでも確認できるように掲示として残しておくようにします。しかし，ひらがなを読めない子もいたり，ひらがなからイメージできない子もいます。そこで，大切なのが「パッ

と見て分かること」。そのために，前ページの「朝の手順表」のように，ひらがなでの簡単な説明に加えて，具体的な写真やイラストなどを必ず載せた掲示を作成します。さらなる具体例は，p.71を参照ください。

- ・**学びのきっかけを生む環境**
  - →子供たちの日常に学びのきっかけはたくさん転がっています。遊びになる条件の一つである物語になるためにも，子供たちから気になって提案してくるように環境を整えます。例えば，写真は子供たちが気になった自然のものや飼育したい小さい生き物を自由に集めて皆で見られるようにするスペースです。こういったところに取りためておくと，生活科の自然遊びや栽培・飼育単元は，子供たちの興味・関心をもとに始めることができます。さら

なる具体例は，第4章を参照ください。

- ・**教師の指導性が埋め込まれた活動や環境（ねらい直結型の活動や環境）**
  - →教師が直接的な言葉によって「あれをしなさい。これをしなさい」と言うのではなく，環境に教師の指導性を埋め込んでいくことで，子供たちはその活動を行いながらも自然と学びを深めていくことができます。つまり，ねらい直結型の活動や環境にするということです。例えば，スタートカリキュラムで行う学校探検。学校探検のねらいは，「学校に安心感や期待感を抱き，学校が自分の場所になっていくこと」だと私は考えています。そうするためには，学校の人・もの・ことと関わり合って，学校がどんな場所か知る必要があるでしょう。だからこそ，まだ見ぬ学校という場所を「探検する」という活動は，学校の人・もの・ことと自

然と関わり合うことのできる，ねらい直結型の活動だということができます。さらなる具体例は，第3章の学校探検事例を参照ください。

第2章

考えてみよう!
スタートカリキュラム
デザイン編

1 スタカリの基礎・基本

　そもそもスタカリは必ず実施しなければいけないものなのでしょうか。

　答えから言うと，実施しなければいけないものです。平成29年告示の小学校学習指導要領では，以下のように示されています。

　特に，小学校入学当初においては，幼児期において自発的な活動としての遊びを通して育まれてきたことが，各教科等における学習に円滑に接続されるよう，生活科を中心に，合科的・関連的な指導や弾力的な時間割の設定など，指導の工夫や指導計画の作成を行うこと。

第1章総則　第2　4（1）より

とあるように，実施することが定められてはいるものの，カリキュラムの内容や編成方法は各小学校に委ねられています。私自身は，文部科学省国立教育政策研究所編著『発達や学びをつなぐスタートカリキュラム』や『スタートカリキュラムスタートブック』，福井県や横浜市や東京都大田区立松仙小学校の取り組み事例を参考にしながらスタカリをデザイン・実施してきました。スタカリをデザインする際に，大切な考え方をまとめると次ページの図のようになります。

　スタカリ中は，最初からきっちり45分授業にしたり，「国語」や「算数」といった教科名で区切ったりすることはしません。それは，園で経験してきた生活リズムとのつながりをもたせると共に，そこで大切にされてきた「子供たちの発達の特性や一人一人のよさを活かす」ことを小学校でも同様に大切にしたいと考えるからです。私は，主に4つの「〇〇タイム」を弾力的に時間を運用しています。そうすることで，子供たちは安心して，「学校は楽しい場所だ」「明日も学校に来たい」と思うようになります。

のんびりタイム	朝の支度や次の時間の準備が終わった後に，落ち着いて自分のペースで1日をスタートしたり，次の時間の切り替えができるように思い思いの時間を過ごしたりするための自由な時間。
なかよしタイム	一人一人が安心感をもち，担任や友達に慣れ，新しい人間関係を築いていく時間。自分の居場所を学級の中に見出し，集団の一員としての所属意識をもち，学校生活の基盤である学級で，安心して自己発揮できるように工夫していく時間。
わくわくタイム	幼児期に身に付けた力を生かし，主体的な学びをつくっていく時間。生活科を中心として，様々な教科・領域と合科・関連を図り，教科学習に移行していく時間。
ぐんぐん（1年生）タイム	わくわくタイムやなかよしタイム，普段の生活の中で子供が示した興味や関心をきっかけに，教科等の学習へ徐々に移行し，教科等特有の学び方や見方・考え方を身に付けていく時間。

スタカリ期の1日を構成する4つの○○タイム

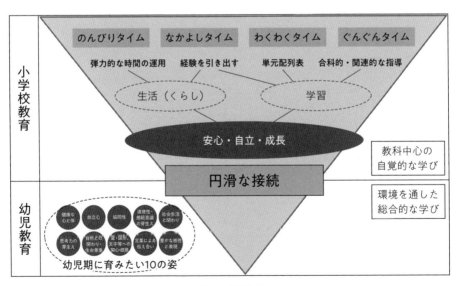

スタカリ解剖図

2　のんびりタイム

　まず，のんびりタイムからです。のんびりタイムは，文字通り「のんびり
する時間」です。朝の支度が終わった後や中休みや昼休みの時間がのんびり
タイムに当たります。「わざわざ工夫しなくても子供たちはのんびり休憩し
ているのでは？」と，そう思われるかもしれません。しかし，本当にそうで
しょうか。朝の時間を例に考えてみましょう。

　　朝の支度が終わった子供たち。朝の支度だけでもひと苦労。ようやく
　終わって先生に「先生終わったよ。何をすればいいの」と聞きました。
　先生はひと言。「じゃあ，自分の席に座って自由帳にお絵かきをしてい
　ていいよ」。

　　言われた子は，時間が来るまで自分の席で黙って絵を描き続けました。

　さて，本当に絵を描くことが誰にとっても「のんびり」することなのでしょ
ょうか。ゆっくり座りたい子もいるでしょう。絵本を読みたい子もいるでし
ょう。遊びたい子もいるでしょう。のんびりすることと，のんびりさせるこ
とは違います。のんびりタイムは，「自分のペースで自分のやりたいことに
取り組むことで，安心できる時間」になることを目的としましょう。

ポイント①　環境構成の工夫

　そのために，p.63のような教室環境を構成することをおススメします。子
供たちが一斉に自由に動くからこそ，細部までこだわって構成しましょう。
そうすることで，教師が一人一人に細かく声をかけなくても子供たちは自由
に楽しく，自分なりの「のんびりタイム」を過ごし始めます。

　不安でいっぱいで，登校しぶりが起きやすいスタカリ中。最初は教室で楽
しくのんびり過ごせると分かると，それだけで不安は和らぎます。また，楽

しそうな声が教室から聞こえてくるだけで，思わず入りたくなりますね。楽しい音楽をかけて気分を明るくするように工夫することも効果的です。

ポイント②　教師の役割

　自由に行動できるときこそ，その子の本質がよく見えます。ですので，直接的な支援は支援員さんや6年生に任せてしまって，教師は，一人一人を見取るといった役割を意識しましょう。全体把握しつつ，それぞれの子たちがどのように行動しているか把握するとよいでしょう。そのときに，私は次の観点で観察するようにしています。

> □一人一人の困るポイントをみる
> 　　・朝の支度　　　・友達や物との関わり方
> 　　・自分から声をかけられない　　　・何をしたらよいか選べない
> □一人一人の「好き」を探す
> 　　・よく関わっている友達　　　・よくいる場所
> 　　・好んで行う活動（身体を動かす活動や読書など）

ポイント③　協力体制を築く

　のんびりタイムは，p.63のように教室環境を整えることで，自由に楽しくのんびりした時間にできます。ただ，一人で全ての環境を整えようとするのは大変です。例えば1学年複数学級のときは，1組は昔遊びが，2組はパターンブロックが，3組は音楽遊びができるなどクラスごとに遊びを用意して，のんびりタイムのときは教室を行き来できるようにするのもおススメです。

　準備の時間も節約できるほか，学年団で協力しながら様々な子の実態が把握できます。クラスが離れ離れになってしまった園での友人と交流できるという子供たちにとってのよい面もあります。顔見知りの子と会えてゆっくり自分の好きなことができることは，安心感にもつながっていきます。

3　なかよしタイム

　なかよしタイムでは，次のねらいをもって，様々な活動を設定しましょう。

「新しい人間関係を築くこと」

　皆さんが新しい職場に赴任したときに，どのようなことに不安を感じますか。新しい校務用パソコンの使い方？新しい赤ペンの置き場所？

　多くの方は，職場の人間関係が一番の悩み事ではないでしょうか。パソコンの使い方も教材・教具の置き場所も，分からないことは聞けばいいのです。分からないことだらけであり，それを気軽に教えてくれる関係の人がいないことは大人であっても不安です。大人より新しい環境に身を投じた経験が少ない子供だったら見通しがもてない分，より不安を感じることでしょう。

　学校や学習が楽しいと感じるためにも，まずは，友達同士の横糸をつなぐことが肝心です。「新しい人間関係」を築くために，私は園で経験した活動を積極的に取り入れています。園で行ってきた「知っていてできる活動」「友達と関わりが生まれる楽しい活動」を取り入れることで，子供たちは活動の見通しがもて，安心して活動に参加できます。そして，共に遊ぶことで，楽しみながら関係を築くことができます。

　私がよく行うプログラムのメニューは右の通りです。いつでも確認できるように，活動をホワイトボードに貼って，掲示しています。幼児期の経験を生かせるような活動を中心にしていますが，ポイントは子供たち同士の関わり合いが生まれる活動を意図的に設定することです。それぞれ，どのようなことを意識しながら行うとよいのか，詳しく説明していきます。

ポイント①　おはなしタイム

　小学校1年生の時期は誰かにお話を聞いてもらいたい思いが強く，また聞いてもらうことで安心感も芽生えていきます。のんびりタイムでグループ型の机になっていると思いますので，そのまま，なかよしタイムもグループでのおはなしタイムから始めてみましょう。

　いきなり「話をしてごらん」といっても，見ず知らずの相手ばかりでは，話すのが得意な子しか話し出すことはできません。そこで最初は，「今日は好きな色をお話してごらん」と話題を決めたり，「今日はクイズを出します。グループ対決にするから，相談して考えてごらん」と話し合う必然性を引き出したりするとよいでしょう。おススメの話題は次の通りです。

・すきな○○，たのしみにしている○○
　➤お題と時間を決めて順番に話をしたり，質問したりする。
　Ex. 給食，生き物，色，遊び，お菓子，キャラクター，アニメなど
・みて，きいて，さわって，おはなししましょ
　➤机の真ん中に「もの」を置いて，それについてお話する。
　Ex. 春の生き物（虫や植物），1枚の写真，絵本，など

　グループでのおはなしタイムに慣れてきたら，「おじゃましますタイム」や「みんなでおはなしタイム」という活動も取り入れると，様々な友達とつながっていきます。みんなで集まるときは，園での経験を生かして，ぎゅっと集まれるようにするとよいでしょう。

・おじゃましますタイム
　➤グループ半分が残り，残り半分が違うグループに旅立つ。そして，お題を決めて話したり他己紹介をしたりする。
・みんなでおはなしタイム
　➤立候補制にして，みんなの前でお話したり，質問を受けたりする。
　➤実物投影機を用いる，サークル対話のように椅子を丸くするのも◎

ポイント②　歌って踊ろう

　1年生は体を動かすことが大好きです。園でも歌ったり踊ったりして体を動かしながら学んできました。そこでこの時間では，園と同じ活動を取り入れるとよいでしょう。同じ活動を取り入れることで子供たちは安心して取り組めたり，自信をもって取り組んだりすることができます。

　なかよしタイムは「新しい人間関係構築の時間」でした。活動の中で，友達と自然とスキンシップができる，次のような活動がおススメです。

・手遊び歌系
　➤わらべ歌（遊び歌，数え歌，絵描き歌）
　Ex. おちゃらかホイ，お寺の和尚さん，あんたがたどこさ，など
　➤現代版手遊び歌
　Ex. かみなりドン，ぼうが一本，グーチョキパーで
・歌遊びレクリエーション系
　➤歌遊びゲーム
　Ex. リトミック遊び，じゃんけん列車，もうじゅうがり，など

　教師がオルガンを弾きながら取り組めたらそれが一番ですが，CDを活用したり歌ったりするだけでも，子供たちは十分楽しめます。机配置を工夫して，広々とした空間で活動できるとよいでしょう。

　また，手遊び歌の取り入れ方には注意が必要です。園で手遊び歌を行うのは，年中の頃までのところが多いからです。年長になって行うことはほとんどなく，手遊び歌はともすると「幼い子の遊び」だと認識されている可能性があります。ですので，私は「楽しく気持ちを切り替える」，「学びへのリズムをつくる」など目的を明らかにして，限定的に取り入れています。

ポイント③　今日のなかよしゲーム

　今日のなかよしゲームでは，「なかよしさんを増やす」という目的を子供たちと共有しながら，子供たち発信で様々な活動を行っていきます。遊びに

よっては，没頭できるように長い時間を確保することも必要になってきます。

・短時間で遊べる活動
  ・じゃんけん遊び（じゃんけん列車，王様じゃんけん）
  ・だるまさんが転んだ　　・だるまさんの1日　　・しんげんち
  ・大根ぬきゲーム　　・はんかち落とし　　・何でもバスケット
・長時間かけて遊ぶ活動
  ・鬼遊び（手つなぎ鬼，ねことねずみ，バナナ鬼）　　・散歩
  ・砂場あそび（自由に遊ばせる）　　・春の季節遊び

ポイント④　先生のお話タイム

　ここは，担任の先生の話を中心とした時間です（私のクラスでは名前をもじって Andy タイムと呼んでいます）。この時間に1日の予定を説明したり，相談して決めたり，子供たちの健康状態を把握したりします。

　この時間は，子供たちにとって担任の先生と仲良くなる時間になるようにします。そのために，読み聞かせを行うのもいいでしょう。先生の大好きなもののスリーヒントクイズを行うのもいいでしょう。

　私は1週間に一度は，この時間に「スペシャルゲスト登場」と称して，学校探検で出会った先生や園の先生方をお呼びして，自己紹介やリズム遊び，エプロンシアターなどを行ってもらっています。園の先生がいらっしゃると，子供たちは大喜び。とても安心した顔になります。また，小学校の先生がスペシャルゲストのときも，その時間を通して子供たちは学校の様々な大人とつながり，関係を深めていきます。知っている人がたくさんいること，増えていくことは子供たちの安心感につながっていきます。

　先生のお話タイムは，気持ちの切り替えのためになかよしタイムの最後に行ったときもあれば，「最後は先生のお話ね」と活動全体の最後に行ったこともあります。教師のねらいに応じて，なかよしタイムの活動の順番をアレンジしてみてください。

4 わくわくタイム

わくわくタイムのポイントをひと言で言うと，

幼児期に学んだことを活かして，問題解決を行っていく時間

にすることです。そのために合科的・関連的な指導を行う必要があり，その核となるのが生活科「学校探検」の学習です。生活科を中心としたカリキュラム・マネジメントの考え方は p.54 をご覧ください。ここでは，学校探検を行うに当たっての大切なことを説明します。

　スタートカリキュラム中の生活科の単元は，学校探検と春遊びの2つです。様々な授業のストーリーが考えられますが，私は「生活圏」が広がっていくというストーリーをもとに実践することが多いです。

　右の図を参考にしながら，小学校で一番多くの時間を過ごす「教室」を中心にすえ，学校探検を通して，「校舎内」のことを知り，生活圏が広がります。そして，校庭探検をする中でさらに生活圏が広がり，校庭にある春の草花や生き物に目が向き，春遊びを行うという流れで実践しています。

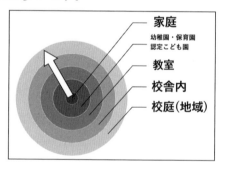

家庭
幼稚園・保育園
認定こども園
教室
校舎内
校庭（地域）

ポイント①　ワクワクするために本物の学校探検を！

　皆さんの学校の学校探検はどのように行われているのでしょうか。

　□教師が先頭に立って学校をめぐる【ガイドツアー型】
　□2年生が1年生を連れて，順番に教室を案内する【スタンプラリー型】

□グループごとに分かれて，別々の場所に行く［スポット型］

このうちのどれかに当てはまった方は，学校探検を変えるチャンスです。
　探検が楽しい活動なのは，自分が知らない場所を，自分の興味・関心に応じて自由に探索するからです。そうやって，自分で意思決定し，自己選択したことだからこそ，子供たちはたくさんの「！」や「？」を発見します。自分で発見したこと，不思議なことだからこそキラキラとした宝物になるのです。

　私は，入学してから２〜３日目くらいまでは教室づくりを子供たちと行いますが，３〜４日目には第１回目の学校探検を行います。
　日を分けて，１回20分程度の短い探検を，数回行います。最初のうちはチャイムの音が探検終了の合図です。探検のルールを歌にして出発します。子供たちは自由に探検しながら，次のようなことに気付きます。

【例１　人への着目】
・保健室にエプロンをつけた先生がいたよ。ケガとか病気とかを治してくれるのかな。
・学校を掃除してくれている人は誰なのかな。外にもいたよね。

【例２　もの（場所）への着目】
・本がいっぱいある部屋を使ってみたいんだけど，どう使うの。
・太鼓とか鈴とかがあるお部屋があるけど，太鼓とか鳴らしてみたいなあ。

【例３　こと（学校の仕組み）への着目】
・チャイムの音でみんなが動いている。チャイムがいろいろな合図なんだね。
・お兄さんたちはみんな，お勉強中は静かにして何か書いてたよ。
・お勉強の最初と最後に挨拶していたよ。ぼくたちもやってみたいなあ。

　自分で発見した，価値あることは誰かに伝えずにはいられないですし，試してみたくなります。実際に，チャイムで上学年が動くことを知った子供た

ちは，自分たちもそうしたいといって，それ以降チャイムで行動するように
なったこともありました。ですので，子供たちを信じて思い切って解き放っ
てみましょう。本物の探検は，何にも代えがたい楽しさと気付きを子供たち
に与えてくれます。

ポイント②　学校探検のミッションは「学ぶ」意味を自覚すること！

　学校探検という大きな活動の中で，前述した通り子供たちはたくさんのこ
とを学んでいきます。その中でも，一番大切なのは，

「？」を解決することも「学び」だと子供たちが自覚すること

です。子供たちにとっての小学校の学習とは，「ひらがな」であり，「たし算
やひき算」です。ひらがなもたし算も「小学校といえば！」という学習なの
ですが，実際は小学校で学習するほんの一部の学習内容でしかありません。
　平成29年告示の学習指導要領でも，これからの時代は「何を知っている
か」から「何ができるようになるか」が大切であると示されました。探究と
いう言葉にも象徴されますが，その根幹には「勉めて強いる『勉強』から，
自分で獲得していく『学び』へ」といった学力（学習）観の転換があります。
つまり，広い意味での問題解決力の育成が求められているのです。

　学校探検は，小学校という新しい生活の場に適応するために，疑問や困っ
たことを見つけて解決していくといった，まさに日々の暮らしに役立つ問題
解決そのものです。ですので，学校探検は子供たちの学習観のアップデート
を行うのにうってつけです。毎日学校探検をしていると，きっと子供たちは
少し不安気にこんなことを言うはずです。「先生，毎日探検ばっかりだね。
楽しいのだけど，勉強しなくていいの？」と。そのときがチャンスです。次
のように切り返しましょう。
　「探検して『？』を解決しているうちに，学校のことが分かったり，たく
さんの人と仲良くなったりしたでしょ。「？」を解決すること。そうして新

しいことを知ったり，できることが増えたりすることも大事な学習なんだよ」

　一度その考え方を知った子供たちは，様々な学習で「？」を見つけ出して，解決しようとし始めます。まさに，学び方を学んだからこその成果です。

ポイント③　学校全体で１年生を育てる

　学校探検を行うに当たって欠かせないのは，周囲の協力です。

学びの在り方を捉え直し，学校全体で１年生を育てる

ことが大事になってきます。どうでしょうか，学校探検を実施する前に，「廊下では静かにするように事前指導しますので……」という１年担任の言葉を耳にしませんか。また，「ひと言も話すのを許さないぞ」と学校探検中，厳しい表情で見回っていませんか。

　小学１年生が本気で熱中して学ぼうと思ったら，身体も自然と動き，声も出てしまうものです。その学びの芽を摘むのはあまりにもったいないことです。私が実践してきた学校探検では，事前に許可を取り，安全管理を徹底したうえで，どの教室にも出入りできるようにしました。たまたま入った教室で静かに学んでいるお兄さん・お姉さんの様子を見ると，入室したときは，楽しくて少しうるさかった１年生も思わず静かに見入ってしまいます。しまいには，見せてもらっている教室の中の歩き方まで変わってきます。

　１年生でも，本当に静かにしなければならない場面というのは分かるものです。それでも騒がしい子がいたら，その教室の担任に「今お兄さん・お姉さんは集中してがんばっているんだ。見ていてもいいから静かにしてくれないかな」と言ってもらえばいいのです。１年生でも気付くはずです。

　様々な直接体験を通して，時に失敗しながらも本物の学びにつながる学校探検を実施するために必要なのは，探検をする前に，「１年生の学び方」や担任の意図を全教職員で共通理解しておくことです。そうやって学校全体で１年生を育むという理念と方法が共有されて初めて，学校探検での学びはより充実したものになります。

5 ぐんぐんタイム［1年生タイム／やってみタイム］

最後にぐんぐんタイムです。ぐんぐんタイム（1年生タイム）では，

**子供たちの「やりたい」気持ちを大切にし，
「できた実感＝手応え感覚」があるものを内容に取り組む**

ということを大切にしましょう。ぐんぐんタイムは基本的に教科の学習の時間です。ですので，スタカリ序盤は少なく，後半に行くにつれて多くなってきます。私は，これまでに「ぐんぐんタイム」の時間を設定しないこともありました。それは，「わくわくタイム」から自然と教科カリキュラムにつながる道筋をつけておき，各教科へと分化した後は，教科の学習内容はその教科の中で行うようにしていたからです。また，「1年生タイム」として，1年生ならではのことを学んでいく時間としたこともありました。

他にも「やってみタイム」「パワーアップタイム」などというように，名称は変えて実践していましたが，内容は変わりません。**大事にすることはあくまで子供たちの「やりたい気持ち」と「手応え感覚」です。**どんなに学校探検や遊びの時間が楽しくても，子供たちはそれと同じように小学校での「ひらがな」や「たし算の学習」も楽しみにしています。そんな子供たちの「やりたい気持ち」を大切にしつつ，学習することで目に見えてできることが増える（＝手応え感覚のある）学習内容を設定するようにしましょう。そうすることで，やった！できた！という達成感をもつことができます。ぐんぐんタイムでは，そういった達成感が得られやすい「ひらがなの学習」，「音読」，「数と数字」の学習などを中心に行ってきました。

これらは，「言葉を学ぶのが国語」というように，対象が自覚化され教科カリキュラムに移行する際に，整理・統合することで「ぐんぐんタイム」から「国語や算数」といった教科名の学習へと名称も変わっていきます。

6 スタカリの終わりは教科カリキュラムの始まり

　スタカリはあくまで接続のカリキュラムですから，いつかは教科カリキュラムへと接続していかないといけません。スタカリから教科カリキュラムへの移行は「学校探検」を中心にして各教科の内容を含みながら徐々に教科へと移行していくとよいでしょう。また，そのときのポイントは，「国語だったら言葉，算数だったら数や計算」などと学ぶ対象を自覚化しながら教科カリキュラムに移行していくことです。

　そこで，私は次のようなタイミングで各教科・領域のカリキュラムに移行するようにしています。

【のんびりタイム】

　のんびりタイムは，名称的にこのまま使い続けても構いません。学校探検で他学年が時間で動くことを知ったときやスタカリの最後などに，それぞれの休み時間の名称や時間を伝えて移行していくことが多いです。

【なかよしタイム】

　なかよしタイムは，1週目・2週目は長く時間をとり，3・4週目にかけて徐々に時間を少なくしていき，4週目の後半や5週目あたりに自然となくすことが多いです。なかよしタイムは「みんなが仲良くなるための時間」であることを子供たちと共有しているので，「子供たちに十分仲良くなれたか」考えさせながら，納得して終わるようにしています。また，「学級活動」の時間へとつなげることもできます。

【わくわくタイム】【ぐんぐんタイム】

　教科ごとに，次ページのようなタイミングで移行することが多いです。

国語	学校探検で「話し方」の学習後や「書き方（名刺作り）」の学習後
算数	学校探検で「数探検」を行い，数や数字に興味・関心が湧いた後
音楽	学校探検で「音楽室探検」を行い，楽器等に興味・関心が湧いた後
図工	学校探検で「図工室探検」を行い，工作や絵に興味・関心が湧いた後
体育	学校探検で「校庭探検」や「体育館探検」を行った後
生活科	全ての教科に移行した後（自分たちのやりたいことを中心にする教科）

　しかし，スタートカリキュラムが終わって，教科カリキュラムへと移行した後，こんな現状はないでしょうか。

　Ｔ：国語の〇ページを開いて。今日から「はなのみち」というお話を学
　　　習するよ。

　Ｃ：先生，そういえば今日ね，桜の花が散ってたの。すごいよね〜

　Ｔ：そうか花が散っちゃったのか。よく気付いたね〜。ただ今は国語の
　　　時間だから，また休み時間に見に行ってね〜

　Ｃ：どんなお話なのかな。そういえば幼稚園でもお話の劇やったんだ〜。

　Ｃ：楽しかったよね〜。そうだ！先生，小学校でもやってみようよ！

　Ｔ：劇遊びもいいね。でもみなさんもう小学生だからね！少し難しいこ
　　　ともがんばろうね！では，国語の時間です。ハイ集中して！

……というわけです。図にしたら，こんなふうになっています。もったいないですね。せっかく子供たちの主体性を大事にしながらスタートカリキュラムで学びを積み重ねてきたのに……。

　いいじゃないですか。花に着目する子がいたら，
　「花がなくなったらどんな気持ちした？」
と聞いてあげてください。そしたら，
　「花って綺麗で，いい匂いがして，あるだけで嬉しい気持ちになる！だから散って悲しい」
と，言い出すと思うのです。そして，この物語でも実際に花が出てきます。このとき，「花があると嬉しい気持ちなるからお話に出てくる動物たちも嬉

しかったと思う」とつながります。自分ごとに引き付けながら考えることは低学年にとって，とても大事な読み方です。そしてこれは指導事項でもあります。劇遊びについても，まさに子供たちは幼児期からのストーリーのうえに新しい学びを積み重ねようとしている姿だと思うのです。

第1章でお話したように，教科カリキュラムでまた「0からのスタート」が起こるのはスタートカリキュラムの授業例や方法論だけ真似し，子供観，指導観，学習観といった3つの「観」が転換されていないからです。

だからこそ，もう一度思い出してください。

子供観…適切な環境があれば，自ら学ぶことができる。

指導観…子供の姿を見取り，直接的（経験を引き出す言葉かけ等），間接的（環境構成の工夫等）指導をし，適切な環境を整える。

学習観…子供たちの思いや願い，疑問といった思考の流れを大切にして，学習として組み立て，単元化する。

そして，この「観」をもって，子供たちと関わったり，授業を子供たちとつくりあげたりしてみてください。その際，大事なことは，子供たちのドキドキやワクワクといった遊びを大切にする，次のことです。

---

①楽しく「なる」（快楽性）

　　―競争，偶然，模擬，感覚，収集，創造の遊びの要素

②自由に「なる」（非強制感）

　　―自己選択・自己決定の機会の保障

③ストーリーに「なる」（属文脈性）

　　―振り返りや思いや願いを生かす単元構成

私はそのように遊びで授業をつくることを大切にし，それを Play 型授業と呼び，日々実践をしています。学びのブロックが積み重なることを大切にしていますから，Play 型授業もスタートカリキュラムで大事にした3つの「観」と遊びをもとにしています。

7 スタートカリキュラムをデザインしてみる

▌スタートカリキュラム設計（デザイン）の手順

　私は次のような手順で，スタートカリキュラムをデザインしています。

実施時期	内容
10月～12月	就学予定者名簿（就学時健康診断記録）をもとに，入学予定名簿を作成する。 ※園ごとの名簿も作成する。※情報共有も
1月～2月初旬	入学予定名簿に沿って，それぞれの幼稚園，保育所，認定こども園にアポイントメントを取り，子供たちの実態を共有する。 （個票の作成，アンケートの実施）（園のカリキュラムの共有）
2月初旬～	個票とアンケートが出そろったら，担当メンバーで，以下のことを行う。 ①全体の傾向の共有 ②目指す子供像（学年像）の設定 ③単元配列表の設定（→ p.54） ④週案（3～4週間程度）を作成 ⑤起案し，全体提案
3月下旬	全体提案のフィードバックを受けて，修正し，新1年生の担任へと引き継ぐ。
4月上旬～	新1年生担任が児童の実態や指導要録を見て，計画に修正を加えながらスタートカリキュラムを実施する。 ※成果と課題をその都度，簡単に書き出しておく。
5・6月中	スタカリが終わり次第，新しい担当メンバーでスタカリの成果と課題を共有し，次年度に引き継げるようにする。

さらに大切なのは，このデザインを個人の仕事にしないということです。もちろん，立ち上げの初年度は私自身が行いますし，それをもとにデザインの具体的なフォーマットを提示します。ですが，それをもとに，このスタカリデザインを校務分掌（入学対策委員会やスタカリ委員会など）に位置づけ，前記の年間計画で動くような仕組みづくりをしています。そうすることで，誰もがデザイン・実施可能なスタカリとして学校の財産となっていきます。

　また，園ごとの実態を把握するためにカリキュラムをいただいたり，下のようなアンケートを行ったりしています。そして，経験してきた活動や夢中になって取り組んできた活動をスタカリに取り入れるようにしています。

「スタートカリキュラム」作成についてのアンケートのお願い

昭島市立光華小学校　入学対策委員会

　日頃から本校の教育活動にご理解並びに，ご協力いただきありがとうございます。本校では，子供たちが幼稚園や保育所，認定子ども園での生活から小学校生活にスムーズに適応できるよう，スタートカリキュラムを設計・実施しております。そこで，年長児が幼稚園や保育園で親しんでいたあそびや歌，活動などの様子を含むカリキュラムについてお聞きし，入学後の指導（カリキュラム設計）の参考にさせていただきたいと思います。

　お忙しいところ大変申し訳ありませんが，可能ならば以下の質問にご記入の上，返信用封筒にて返信いただけますよう，ご協力よろしくお願いいたします。（なお，下記QRコードから回答していただくことも可能です。）

（　　　　　　　　　）幼稚園・保育所・認定こども園

① 年長の子供たちが好きなものや興味関心をもっている活動やものは何ですか。

歌	
手あそび 歌あそび	
室内あそび	
戸外あそび	

② 幼稚園・保育所・認定子ども園の年長児クラスで取り組まれたこと（カリキュラム）を教えてください。
　※保育の5領域をもとにしていますが，総合的に行っている場合もあるかと思います。その場合は，主だった活動を教えていただけると大変ありがたいです。

健康	
人間関係	
環境	
言葉	
表現	

③ 年長児の小学校入学にあたり，心配なこと・配慮してほしいことがありましたら，自由にお書きください。

◎　ご協力ありがとうございました　◎

また，職員会議で提案する際は，次のような資料を用意しています。そして，スタカリの概要を伝えつつ，子供の関わり方でお願いしたいことを時間をかけて伝えています。

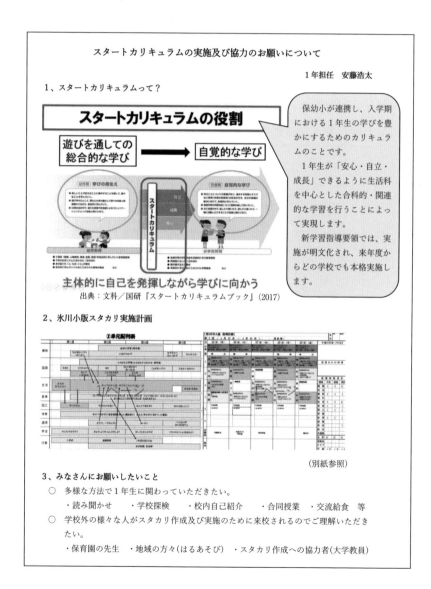

▌スタートカリキュラム設計の核に単元配列表を！

　スタカリ設計で大切にしたいのが，各教科・領域の単元を網羅的に記した単元配列表の作成です。では，どのような意図をもって，どのように配列すればよいのでしょうか。試しに国語と算数の４・５月の教科書の内容を見てみましょう。

国語	・名前カードを使って，友達と交流する。 ・場面に応じた言葉や動作を考えて伝え合う。 ・正しい姿勢や鉛筆の持ち方を意識して書く。
算数	・教科書の絵を見て，「１〜５」「６〜10」のものの数を数える。 ・「１〜５」，「６〜10」の数字の書き方を理解する。 ・具体物，半具体物，数図，数字，数詞を相互に関連付ける。

　初めて１年生を担任する方にとって，「これで，１時間何を教えたらいいの？」と戸惑うのではないでしょうか。

　例えば，国語だと見開きページで「鉛筆の持ち方や名前の書き方」や「教室に入るときの挨拶の仕方」といった内容が載っています。教師の指示や説明だけだと10分で終わる内容です。ですが，そのように簡単な内容であっても，小学１年生に授業することは簡単ではありません。まず，聞いてくれません。そして，聞いているように見えても実は分かっていないこともしばしばあります。

　ですが，それは子供たちが悪いわけではありません。子供たちが聞けない，分かっていないのは，教師が一方的に学ぶことを押し付けたり，学ぶことがバラバラで見通しがもちづらい授業を行ってしまったりしているせいです。それがあまりにも，幼児期に行ってきた学び方と違うのです。

　思い出してみてください。幼児期の学びは遊びを中心とした総合的な学びでした。そして，スタカリはそういった幼児期の学びと小学校期の学びをつなぐ場です。つまり，スタカリ時は各教科の学びが内包された総合的な活動

を設定することが大事です。そして，その総合的な活動が生活科「学校探検」です。子供たちが「学校探検」をしながら，国語や算数や図工や音楽といった様々な学びに自然と向かうように，「合科的・関連的な指導」を行う必要があるのです。それを具体的にデザインしたものが単元配列表です。

　単元配列表を作成することで，スタカリでどんな内容をどのように学習していくかが明確になります。1年生の学びを大きな川にたとえるとするなら，本流（学校探検）から支流（各教科）へと分かれていくようなイメージで単元配列表を作成しています。下が実際の単元配列表です。

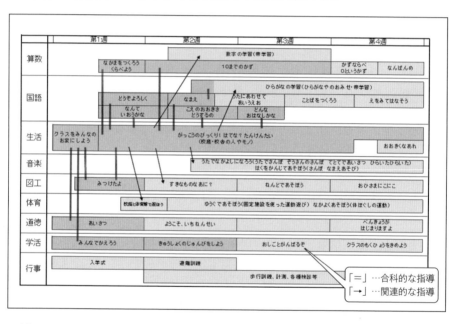

　濃い灰色の部分がいわゆる「学校探検」を中心にした合科的・関連的な指導を行う単元です。薄い灰色部分が教科カリキュラムに接続された単元です。

　生活科を中核としながらつくっていますので，川の本流は生活科の「学校探検」です。ですので，同じ濃い灰色の単元は子供たちにとってはあくまで学校探検の延長上にある活動です。そして，薄い灰色部分は川の支流であり，分かれるときというのがまさに教科カリキュラムに分かれるタイミングです。

▌合科的・関連的とは，つまり「総合的な学び」である

　スタカリで単元間をつなぐポイントは「合科的・関連的に指導できるようにすること」でした。では，具体的にどのように単元間をつないでいくのでしょうか。つなぎ方には２つのパターンがります。

パターン①　学校探検に学びの種を仕込む型

　これは，学校探検で出てくるであろう疑問を想定し，それを自然な形で各教科の単元と関連付けていくパターンです。

　例えば，国語で「入室するときの言葉の使い方」の学習と学校探検の学習を関連付けます。自由に学校探検に行くと，初めての場所ですのでおずおずと探検する子が多いはずです。そういった子たちは，自由に様々な教室に入ることはできません。でも帰ってきたら，「○○がある部屋に入ってみたい。でも恥ずかしくて入れない」と言います。そうすると周りの子たちが，「○○と言って入ったらいい」,「中の先生と仲良くなれば入れてくれるはず」と言い出します。そこで，教師が「じゃあ，みんなで入るときの言葉を考えた後，もう一度探検してみる？」と言えばいいのです。そうすると，子供たちにとって必要なタイミングで教科の学習を行うことができます。

パターン②　学校探検に教科の仕かけを行う型

　これは関連付けるために，あえて学校探検に仕かけを加えて，教科の学びとつなげていくパターンです。例えば，算数との関連付けです。数に着目するために，園との違いを探す「違い探検」という活動を設定したとします。そうすると，「幼稚園と違ってトイレがたくさんあった」,「お部屋がたくさんある」など数に対する気付きも生まれます。その中で，「○○を数える」という課題が自然と生まれ，解決する中で数え方や１対１対応についても子供たちの学びのストーリーに沿った自然な形で学ぶことができます。

　２つのパターンを図にすると，次ページのようにまとめることができます。

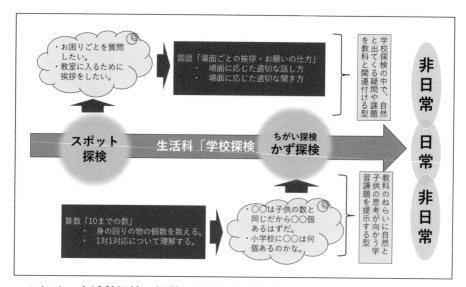

　これは，生活科以外の教科の学びの本質にも即しています。教科の学びというのは，日常生活では出会わない非日常の科学的な知識です。一見必要ないようですが，生活を豊かにするのは，この「非日常の科学的知識」です。掃除1つとっても料理1つとっても私たち自身の生活を豊かにするのはこのような非日常の科学的知識ですよね。それは，スタカリを構想するときも，同じことが言えます。生活科という身近な「暮らしの学習（＝生活科）」をする中で出会った疑問を非日常の「科学的な学び（＝教科学習）」で解決していきます。その結果，問題が解決したりできることが増えたりして暮らしが豊かになっていくからこそ，子供たちは教科を学ぶ良さを実感し，期待と意欲を高めつつ，教科学習をスタートすることができます。

　単元配列表作成は，学ぶことで生活を豊かにする「学びの物語づくり」に他なりません。授業と同様にスタカリデザインでもこの考え方はとても大事になります。学ぶストーリーが淀みない川の流れになるように，単元をデザインするのがポイントです。

　教師が子供たちにとって意味や価値のあるストーリーを描けるかによって，子供たちの学びの質は決まっていきます。

スタカリ週案の立案ポイント

　学習内容と方法が整理できたら，次は具体的にどのように行うのか計画する必要があります。まずは週案について説明します。週案を組むと，実際の授業イメージが湧くといった方も多いのではないでしょうか。私は４つの「○○タイム」を軸に１日を組み立てます。下は実際の週案です。

9日（月）		10日（火）		11日（水）		12日（木）		13日（金）	
朝はのんびりタイム〈のんびりタイム〉朝の支度　6年生との遊び		朝はのんびりタイム〈のんびりタイム〉朝の支度　6年生との遊び		朝はのんびりタイム〈のんびりタイム〉朝の支度　6年生との遊び		朝はのんびりタイム〈のんびりタイム〉朝の支度　6年生との遊び		朝はのんびりタイム〈のんびりタイム〉朝の支度　6年生との遊び	
朝　　会		職　　朝				職　　朝		集　　会	
国音国	なかよしタイム ①朝の会 ②歌っておどろう ③みんなで聞こう ④お話を聞こう ⑤お話をしよう	音国	なかよしタイム ①朝の会 ②歌っておどろう ③みんなで聞こう ④お話を聞こう ⑤お話をしよう	国音国	なかよしタイム ①朝の会 ②歌っておどろう ③みんなで聞こう ④お話を聞こう ⑤お話をしよう	国音国	なかよしタイム ①朝の会 ②歌っておどろう ③みんなで聞こう ④お話を聞こう ⑤お話をしよう	国音国	なかよしタイム ①朝の会 ②歌っておどろう ③みんなで聞こう ④お話を聞こう ⑤お話をしよう
国語	なかよしタイム ・自己紹介をしよう ・テーマを決めてグループでお話をしよう ・郵便屋さんごっこ	国語	なかよしタイム ・自己紹介をしよう ・テーマを決めてグループでお話をしよう	生活	わくわくタイム ・友達いっぱい大作戦 ・名刺づくり（どうぞよろしく）	生活	わくわくタイム ・学校のびっくりはてな ・学校探検 ・見てみて聞いて	生活	わくわくタイム ・学校のびっくりはてな ・学校探検 ・見てみて聞いて
行事	生活安全指導	生活	わくわくタイム ・友達いっぱい大作戦 ・名刺づくり（どうぞよろしく）	国語	わくわくタイム ・ひらがなの学習 ・はじめて書いた名前	算数	ぐんぐんタイム ・仲間づくりと数	生活	わくわくタイム ・学校のびっくりはてな ・学校探検 ・見てみて聞いて
	下校指導		下校指導 1日の振り返り		下校指導 1日の振り返り	体育	ぐんぐんタイム ・遊具であそぼう ・仲良くあそぼう	国語	ぐんぐんタイム ・ひらがなの学習
							下校指導 1日の振り返り		下校指導 1日の振り返り

　４つの「○○タイム」のねらいと配置ポイントは次ページにある通りです。各タイムで「安心・自立・成長」というねらいに向かうように内容を組み立てていきます。

	ねらい	配置ポイント
のんびり タイム	自分のペースで過ごし，安心する。	・子供たちの実態に応じて，朝の時間の調整を図る。 ・中盤以降で休み時間と連動させる。
なかよし タイム	クラスの中で，新しい人間関係を築く。	・のんびりタイムから連続してできるように設定する。 ・スタカリ後半では，徐々に授業時間ではとらないようにしていく。
わくわく タイム	幼児期の学びを生かしたり，思いや願いを大切にしたりして，様々な問題を解決する。	・生活科を中心として設定する。 ・学校探検が中心のため，校内調整を図ってから設定する。 ・序盤は「わくわくタイム」中心。
ぐんぐん タイム	「手応え感覚」を実感できる。（＝教科学習）	・子供たちのやりたい小学校ならではの学習を中心に行う。

　スタカリは入学してから大体5月中旬頃まで実施します。ですが，この4つのタイムの配分は異なってきます。私は配分として右のようにしています。

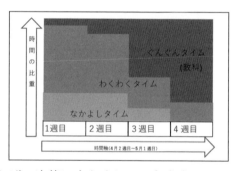

　例えば，「なかよしタイム」は新しい人間関係を築く場ですから，クラスの友達とのつながりができてくれば，次第に少なくしていきます。スタカリはあくまで「つなぐ」ためのカリキュラムです。なので，スタカリ中盤から終盤にかけて，「わくわくタイム」や「ぐんぐんタイム」も減っていきます。そして，子供たちの自然な思考の流れの中で，最終的に「○○タイム」はなくなっていくのが理想です。

第3章

やってみよう!
スタートカリキュラム
アクション編

	4月4日（月）	4月5日（火）	4月6日（水）
行事 モジュール			入学式
1	p.62 へ	p.63 へ	
2			**行事** 1年生タイム 入学式
3			**のんびりタイム** **・学年全体スペース** **学級** 1年生タイム　　　p.65 へ ⓪トイレ休憩　　①手遊び歌 ②担任自己紹介　③心をほぐすゲーム ④呼名　　　　　⑤トイレ確認 ⑥並び方確認　　⑦下校準備
4			p.70 へ （2日目準備）

　1週目で大切にしたいことは，「安心感」です。園では年長として様々なことができるようになったとはいえ，そういった資質・能力を発揮できるかは場所や条件によって左右されます。

　初めての場所，初めて出会う人の中で，まずは「安心感」を育んでいくことが大切です。1週目でねらう安心感は「人への安心感」と「場所への安心感」です。

　人への安心感とは，「先生っていつもニコニコしていて優しいな。困った

4月7日（木）	4月8日（金）
	特別時程、給食なし、1年給食練習、尿検査回収
のんびりタイム `p.72へ` ・学年全体スペース	のんびりタイム `p.90へ` ・学年全体スペース
国語 2/3　音楽 1/3	国語 2/3　音楽 1/3
なかよしタイム `p.67へ` ◎担任と児童をつなぐ ①おはなしタイム　②先生タイム ③うたっておどろう　④今日の1冊	なかよしタイム ◎担任と児童をつなぐ ①おはなしタイム　②先生タイム ③うたっておどろう　④今日の1冊
国語 2/3　生活 1/3	国語 2/3　生活 1/3
なかよしタイム ◎児童と児童をつなぐ ①めあてのかくにん　②遊びを決める ③自由あそび（④個人あそび）	なかよしタイム ◎児童と児童をつなぐ ①めあてのかくにん　②遊びを決める ③自由あそび（④個人あそび）
のんびりタイム ・学年全体スペース	のんびりタイム `p.89へ` ・学年全体スペース
生活	生活
わくわくタイム ○教室づくり	わくわくタイム `p.78へ` わくわくどきどき学校探検 ○第1回学校探検 ・めあて、約束確認 ・探検出発
学級	学級
1年生タイム `p.76へ` ①1日の振り返り ②今日のお気に入り ③帰りの支度・片付け ④帰りの会 　・下校コースの確認	1年生タイム ①1日の振り返り ②今日のお気に入り ③帰りの支度・片付け ④帰りの会 　・下校コースの確認

ら助けてくれそう」,「初めて出会った子と仲良くなれたよ」,「6年生のお兄さんが遊んでくれて嬉しい」といったつながりです。

　場所への安心感とは,「小学校の自分の教室が分かるよ」「小学校では1日こんなふうに過ごすんだ」という教室の場所や仕組みなどです。

　そのために,教師や友達,上級生と遊びながら自然と関わりを深められるようにしたり,1日の仕組みをルーティン化して示したりすることが大切です。

入学式までのスケジュール

　新年度が始まり，あっという間に入学式を迎える学校が多いかと思います。でも時間は有限。忙しい中でも，最大限準備して入学式を迎えることで，その後の日々の指導に余裕が生まれ，落ち着いて子供たちへの対応ができるだけでなく，新たなことに挑戦しようという余白も生まれます。

　私は，①やるべきことをリストアップする，②優先順位をつけてナンバリングすることを大切にしています。優先順位が高いのは，子供たちに関係することです。特に，子供たちや保護者の方々が安心して登校できるような仕組みや環境整備を第一に考えています。そのために，次のことをリストアップします。

　チェック項目の中で，特に名前やアレルギー・既往症などの確認は間違いがないように，複数人の目で丁寧に行うようにしています。

☐ 配布物品確認　　　　　　　　　　☐ 呼名（氏名）確認

☐ 学年だより作成（2週間分）　　　☐ 入学式台本作り

☐ アレルギー・既往症確認　　　　　☐ クラス発表名簿作成

☐ 教室環境相談・確認（2日目以降）☐ 出席簿作成

☐ 入学式の教室設営相談・確認　　　☐ 就学前の要録確認

☐ 個人のネームカード作成　　　　　☐ 教科書冊数確認

☐ 氏名シール作成・確認（靴箱，机，ロッカー，イスなど）

☐ 集団下校名簿作成（コースごとの教員引率の割り振りも）

☐ 学級（学年）システムの相談確認

　　※日直，給食，掃除，当番・係，机やロッカーの使い方など

☐ 教材注文

　　※ひらがなワーク（バラ式），栽培の鉢セット，算数スキルなど

　　※ノートやワークテストは実態を見てから購入を考える。

入学式までの教室準備

　入学式は，とても大きなセレモニー。儀式的行事です。学校一丸となって準備を行います。だからこそ，教室準備も全体で入念に行います。

　幼児期は「環境を通した教育」と言われ，子供たちが暮らし，遊び，学ぶ場に何をどのように置くかたくさん工夫しています。そういった環境で子供たちは過ごしてきていますから，小学校（スタートカリキュラム）でも，そういった幼児教育からたくさんのことを学び，活かせるとよいでしょう。

　入学式のための教室準備のキーワードは「安心」と「楽しさ」です。数々の工夫を紹介していきます。

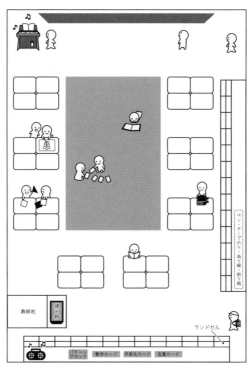

黒板の装飾

　黒板も含めて，春らしい楽しさが伝わるような装飾にするのがおススメです。入学式の日は短時間しか教室にいないものの，無機質な教室でなく，明るく楽しい雰囲気を醸し出すことで，子供たちは安心し，「小学校って何だか楽しそう」とよい印象が残ります。

座席配置

　見て分かる通りグループ型になっています。これは，園でもグループごとの机で活動することが多かったからです。全員が前を向くのでなく，新しく出会った子たちとゆるやかに関われるようにするとよいでしょう。そうした今までの経験とつなぎ，友達同士つながれるような環境を構成することで，安心感が生まれます。私の場合は，スタートカリキュラム1・2週目は，この机配置を基本として過ごすことが多いです。

机の名前は？

　それぞれ机，イスに予め記名して準備をしておく小学校も多いかと思います。名前は，縦書きが一般的ですが，横書きの方が使用頻度が高い場合は，実態に合わせて準備しましょう。

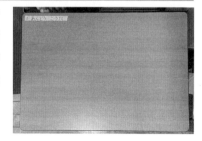

活動&授業 ## 出会いの自己紹介

. . . .

教師のねらい

　新年度が始まって，３〜５日後には訪れるあまりに早い入学式。でもそこには，期待に胸を膨らませている子もいれば，不安でドキドキしている子もいるでしょう。

　どの子も，もっと言えば保護者の方も安心できるような入学式，そして入学式後の学級開きを行えるとよいでしょう。

　そこで，大事になってくるのは何といっても自己紹介です。短い時間でも確実に印象に残ります。ここでは，子供たちに向けたもの，保護者の方々に向けたものの２種類を紹介したいと思います。

子供たちに向けた自己紹介

　入学式が終わった後，教室で呼名や保護者の方々に向けた挨拶，配布物品の確認を行うはずです。入学式を終えた後にリラックスしてもらう意味でも，私は最初に自己紹介を行っています。ポイントは，「この先生，面白そうだな」「この先生，優しいな」など，この先生と一緒に過ごすと安心できるし，いいことがありそうだなと子供たちに期待感をもってもらえるようにすることです。

　どんな言葉でどのような自己紹介を行うとよいか，ある年の私の自己紹介を見てみたいと思います。

T：（トイレも終えて，席に着いてから）さあ，１年１組の皆さん。先生の
　　名前はもう覚えてくれたかな。さっき校長先生が教えてくれたね。

C：覚えているよ！

T：ありがとう〜。実はね，もっとみんなと仲良くなれるように，こんなも
　　のを作ってきたよ。
　　（おもむろに，拡大用紙の巻物を取り出して，黒板に掲示する）

C：え，なんか書いてある〜。え，たぬきがいるよ〜！

T：先生が好きなものを載せてきたんだ〜。読んでみるね〜。先生の名前は「あたたた……たたんどうこたたたたた……たたうた」です。

　　あれ？先生，こんな名前だっけ!?

C：違うよ。先生，タヌキがいじわるしているんだよ！

T：え，そうなの。じゃあ，どうすればいい。みんな助けて〜！

　といったやり取りの中で，クイズごっこ形式にしたり，相互に交流を促したり，どれくらいひらがなを読むことができるか見取ったりします。

　他にも，「あいうえお作文」にしたり，補助の先生に言葉泥棒になってもらって子供たちに探偵役になってもらって，自己紹介を完成させたりと様々な自己紹介にチャレンジしてみてください。

スタートカリキュラムを実施する際に，最初から国語，算数などと教科の名称をもとに授業を行っていくのではなく，「のんびりタイム」「なかよしタイム」などの名称で時間を大きく３つから４つ程度に区切ることが多いです（詳しくは第２章を参照ください）。

それは，園での生活と小学校での生活を緩やかにつなげていくためです。そのために，それぞれの名称も工夫されています。「のんびりタイム」だったら，文字通りのんびりする時間であり，「なかよしタイム」は文字通りみんなで仲良くなるために何かを行う時間です。このように，聞いただけで，何をするのか分かるようにしているのです。ですから，時間名を提示するだけで，子供たちは直感的に何をする時間なのか理解することができます。

私は，時間割について初日のお話タイムで，子供たちに次にように話をしています。

Ｔ：（手遊び歌をして注目を促した後）ではみんな，この後ろのところ（時間割表）を見てみて。ここには小学校で過ごす１日の流れが載っています。みんなは，幼稚園や保育園ではどんな１日を過ごしていたの？

　●お外とか部屋の中でたくさん何か作ったり遊んだりしてたよ。

　●先生と一緒に歌とかも歌ったりした。

　●給食で美味しいご飯を食べていたよ。

　●え，私の幼稚園はいつもお弁当だったよ。

Ｔ：そうなんだ。それぞれの幼稚園や保育園によって同じところもあるし，違うところもあったんだね。小学校では，最初は３つの時間に分けられているよ。（黒板を指さしながら）

Ｔ：まずはのんびりタイム。みんなも今日きて支度したら，のんびりタイムで自由に遊んだりのんびりゆっくりしたりしていたよね。のんびりタイ

ムでは，遊んでもいいし，のんびりしてもいい。自分の好きなように過ごしてね。

T：次はなかよしタイムだよ。なかよしタイムでは，クラスのみんなが早く仲良くなれるように，一緒にお話したり，歌を歌ったり，ミニゲームをしたりするよ。

T：最後にわくわくタイムでは，みんながワクワクできるようなことをするよ。みんながやりたいワクワクすることをやっていくから，やりたいことをどんどん教えてね。

※最初にぐんぐんタイム（1年生タイム）を提示することもありますが，ほとんどの場合は，上の3つだけまず提示して説明します。そのうち，「ひらがなをやってみたい」「たし算をやってみたい」など，やりたいことが溢れ出てくるのが1年生です。そのタイミングで，「1年生で挑戦してみたいこと」とまとめて提示することが多いです。

のんびりタイム	朝の支度や次の時間の準備が終わった後に，落ち着いて自分のペースで1日をスタートしたり，次の時間の切り替えができるように思い思いの時間を過ごしたりするための自由な時間。
なかよしタイム	一人一人が安心感をもち，担任や友達に慣れ，新しい人間関係を築いていく時間。自分の居場所を学級の中に見出し，集団の一員としての所属意識をもち，学校生活の基盤である学級で，安心して自己発揮できるように工夫していく時間。
わくわくタイム	幼児期に身に付けた力を生かし，主体的な学びをつくっていく時間。生活科を中心として，様々な教科・領域と合科・関連を図り，教科学習に移行していく時間。
ぐんぐん（1年生）タイム	わくわくタイムやなかよしタイム，普段の生活の中で子供が示した興味や関心をきっかけに，教科等の学習へ徐々に移行し，教科等特有の学び方や見方・考え方を身に付けていく時間。

スタカリ期の1日を構成する4つの○○タイム

子供たちの実態把握

　実態把握をどの程度行うかは意見が分かれるところでしょう。それは資質・能力は条件や関係性によって発揮できるかが大きく左右されるからです。園でできていたことも，環境が変わって不安になるとできなくなることは往々にして起こりえます。逆も然りです。

　だからこそ，私は子供の育ちについては，決めつけるのでなく，「この子はそういった面もあるのだな」と1つの視点として自分の中にもっておき，多面的にその子を見取れるようにしています。

　しかし，アレルギーなどの身体的特徴は必ず把握しておかなければなりません。私は次のような資料をもとに把握するように努めています。

□小学校で行った情報共有（引継ぎ）をもとに

　各学校，形式の差こそあれ，1〜2月に幼稚園，保育所，認定こども園の先生方と入学してくる子供たちの情報共有（引継ぎ）を行っているはずです。通常それらは，データや紙として一人一人保存され，クラスごとに分けられています。

□幼稚園，保育所，認定こども園からの指導要録をもとに

　その子がどのような経験をもとに，どのような育ちが見られたかについてとても緻密に書いてある場合もあります。

□スタカリアンケートをもとに（p.51を参照）

　園ごとに協力をお願いしているスタカリアンケートで，その園の子たちがどのような活動を経て，どのような経験を積んできたか。また，どのようなことが好きなのか調査しています。

□幼児期に育みたい10の姿をもとに

　全員が10の姿まで到達しているわけではないことを前提に置きつつ，大体の指標として一読します。

教師のねらい

　入学式の次の日。何だかよく分からない場所，そしてよく知らない先生の教室へと登校する子供たち。もちろんドキドキワクワクして楽しみな子もいれば，不安で胸がはちきれそうになっている子もいるでしょう。だからこそ，子供たちが安心して学校そして教室に登校して，１日のスタートが切れるように綿密な準備をしたいものです。

子供たちの入室からのんびりタイムまでの流れ

①校舎に入って，外靴を上履き（中履き）に履き替える

●私の靴箱が分からない……どうしよう……。

●あれ？靴は上と下どっちにおけばいいのかな。

●ドキドキするな。６年生のお兄さんお姉さんがいてくれて安心だね。

→入学式の日に経験したとはいえ，自分の靴箱を探すのもひと苦労です。６年生にサポートをお願いするのも手ですが，自分で探せるようにするために，自分の出席番号の意識をもたせておくのが大切です。園では自分専用の具体物のマークを目印にしていたのが，番号に変わるということです。入学式の日の自己紹介の内容にも盛り込むとよいでしょう。

→上履きの使い方を可視化したものを掲示しておくことで，子供たちは見て自分たちで真似しながらできるようになります。

→立って上履きを履くことが難しい子もチラホラ。座って履ける「お助けイス」を設置するのも手です。

②教室まで移動する

- 💬階段を昇ればいいんだよね。あれ，似たような教室がたくさんある……。
- 💬ぼくは，1年1組だから……赤だったかな。
- →2回目であっても教室の道順はある程度覚えているものです。ですが，小学校の教室はどれも似通っています。だからこそ，クラスカラーを決めて，教室の外側にクラスカラーの花などを飾り，ひと目で自分の教室が分かるようにするとよいでしょう。クラスカラーも自己紹介の箇所に，こっそり盛り込みましょう。

③朝の支度をする

- 💬教室まで来たぞ……。次は何をすればいいのかな。
- 💬幼稚園でもまず，朝の支度をしたなあ。
- 💬ランドセルはどんな順番で置くんだろう。
- →朝の手順を視覚化し，いつでも確認できるようにしましょう。このときの準備を指示するカードは，イラストをメインとして，簡単な指示文を入れるとよいでしょう。

活動&授業 〈のんびりタイム〉**朝の支度**

教師のねらい

　保育所や認定こども園では登園時間はけっこうバラバラ。登園した子から支度をして遊んで待つという生活リズムで過ごしている場合が多いです。

　だからこそ，小学校でも同じような生活リズムで過ごし，子供たちが自分のペースで取り組める場になることを目指します。

活動の流れ

①6年生に手伝ってもらいながら登校した子から朝の支度をする

- 💬園でも最初に支度をしたもんね。でも，あれ？どんな順番で支度をしたらいいのかな。
- 💬お兄さんが優しく教えてくれて嬉しいな。
- 💬隣の子はどういうふうにやっているのかな。

②支度ができた子から自由に遊んでいく

- 💬ぼくは折り紙しようかな。
- 💬みんな「なかよし広場」に集まっているな。ぼくも行ってみようかな。
- 💬ちょっと支度で疲れたからゆっくりしようかな。
- 💬……（何もせずにじっと見ている）
- 💬絵本をゆっくり読みたいな。

ゆっくりするのも遊びたい遊びを決めるのも自分で選ぶことができる（自由になる）。

→多くの園では，支度が終わると自由遊びを行っています。ですから，小学校でも支度が終わってから静かに読書やお絵かきなど机に縛るのでなく，自由に活動しながら友達と関わり合えるようにしています。

72

③音楽を流して，みんなで片付ける

T：あれれ。みんなお片付けの歌が流れ始めたみた
い。この音楽が鳴り止むまでにお片付けをして，
自分のイスに座れるかな。

園での生活経験を
生かす（物語にな
る）。

●この歌がお片付けの歌なんだな。

●ぼくは，終わったけれど，前の人たちが大変そう。手伝ってあげようかな。

●やったあ。歌が終わるまでにお片付けできた！

（→そのまま，なかよしタイムへ）

→ある一定の時間で区切るのでなく，園と同じように２〜５分程度の歌を合図と
して，終わるまでに片付けるなどゆるやかな時間の区切り方をしてみるのも手
です。

スタカリ１up　活動を支える教師の環境構成

のんびり広場
少し前の方を空けて，集まって何か行え
るスペースを作る。絨毯やプレイマット
を置くことで，くつろげる空間にも。

遊びグッズ
様々な遊びグッズを写真のように用
意する。折り紙やお手玉，塗り絵は
もちろん，折り紙の折り方の説明書
やパターンブロック，文字カードも
おススメ。

※第２章も参照

教師のねらい

　１週目のなかよしタイムでは，「学校って楽しそうな場所だ」「○○先生ともっと一緒にいたい！」と担任と子供たちとの信頼関係を築いていくことを目指しましょう。

活動の流れ

①先生のお話と健康観察（朝の会での先生のお話）

Ｔ：○月○日○曜日です。

　　それでは，みなさんおはようございます！

　●おはようございます!!

Ｔ：（のんびりタイムの様子を伝える）

Ｔ：じゃあ，みんなの「元気チェック（健康観察）」をしていくよ。

Ｔ：（今日の１日の予定を伝える）

> 朝の会から，１時間目へとつなげていく。

②プログラム１「お話タイム」

Ｔ：では，なかよしタイムを始めていくよ。まずはお話タイム。みんなでお話して仲良くなる時間だよ。じゃあ，みんな仲良し広場に集まろう。

Ｔ：今日は，のんびりタイムで楽しかったことを何人かのお友達に聞きます。

　●今日は折り紙で○○を折れて嬉しかったです。

　●○○さんとお手玉をしたんだけど，それが楽しかったです。

　→１週目は，他にもこの後のプログラムでやってみたいことをお話タイムのテー

> みんなで１か所に集まって，体をギュッと寄せ合い，一体感を味わえるようにする（物語になる）。

> １週目のお話タイムでは，全体で行い，お話のモデルを学ぶ場にする。

マとするのもよいでしょう。

③プログラム2「うたっておどろう」

T：では次に，うたっておどろうだね。楽しく歌ったり，友達と踊ったりして仲良くなっていこうね。（手遊び歌を始める）

●「かみなりドン」の手遊び歌は幼稚園でもやったよ！

●じゃんけん列車って楽しいんだね。

●みんなでいっしょにやってみたいな。

④プログラム3「今日の仲良しゲーム」

T：今日の仲良しゲームは，○○さんがやりたいっていってくれた「じゃんけん大会」をしようね！

●やったあ！大好きなじゃんけんだ！

●明日はだるまさんがころんだをやりたいな。先生に言ってみようかな。

●今日のチャンピオンは○○くんっていうんだな。

> 意見が重なってきたら，多数決にしたり，お話タイムで決めたりする（自由になる，物語になる）。

⑤先生タイム（1週目のなかよしタイムでは，絵本を読むことが中心）

T：今日の先生タイムは……，「○○」の絵本を読むよ。

●わあ，これ私が大好きなお話だ。

●明日はこのお話を読んでもらいたいな。

→みんなで唱えられたり，折り返しがあったりする絵本を選ぶとよい。

> 意見が重なってきたら，多数決にしたり，お話タイムで決めたりする。

> 身を寄せ合って集まり，一体感と安心感をえられるようにする。

・・・

教師のねらい

　これで1日が終わったと気が抜けそうになりますが，1日の中で最も大切にしたい時間です。園では，保護者が送り迎えをしていた子がほとんどです。

　だからこそ，1日の学習の振り返りを行って明日への期待をもてるようにしつつ，何より安全に下校できるようにしましょう。

活動の流れ

①1日の振り返りをする（思い出タイム）

T：今日1日の一番の思い出はなにかな？

　●ぼくは，探検したのが楽しかったです。

　●わたしは，なかよしタイムで○○ちゃんと折り紙を折ったのが一番の思い出です。

> みんなでギュッと集まって，対話型で振り返っていく（物語になる）。

T：明日はどんなことが楽しみ？どんなことにチャレンジしたい？

　●今日と一緒で探検の続きをしたい！

　●なかよしタイムでちがう遊びをしてみたいなあ。

　→第4章図鑑編「みらいこくばん」（p.157），「やりたいボード」（p.158）のように，子供たちの「やりたい」を取りためていくことで，子供たちは明日への期待がもて，学校に来るのが楽しみになります。また，それは子供たちの学びのストーリーを形作っていきます。

②帰りの支度をする

T：では，帰りの支度をしようね（今日は1つずつ確認しながら，一緒にやっていこうね）。

　●えーと，朝の支度と反対にやればいいんだから……。

　●終わったからお隣の子を応援しようかな。

→このとき，最初のうちは（　　）のように話をし，確認します。その際に，1つずつ「支度の指示カード」を貼りながら確認するとよいでしょう。それはそのまま貼っておき，翌日の朝にも使えるようにします。

→慣れてきたら，タイム制やタイムトライアルにして，早く支度できるように工夫をしてみるとよいでしょう。

③帰るコースの仲間づくりゲームをして下校する

T：では，一緒に帰る子たちと仲間づくりゲームをするよ！

●私は，○○コースなんだな。

●○○コースでは，○○ちゃんと一緒だから……。

→仲間ができたら，担任が下校コースを確実に確認する。最初のうちは学年全体で集まり，学校職員がコースの途中まで見守りをするのがおススメです。

スタカリ1up

ねらいで説明したように，下校指導はこの時期の1年生にとってとても大切なことです。特に，下校先を把握することもとても大切なので，右のようなカードやランドセルに下校コースの色リボンを結んでもらうとよいでしょう。

そして，確実に確認し，安全に下校できるようにしましょう。

下校カード　5月

名前

	授業	主 な 行 事	学 童	バス・青車（通常下校方法）	お迎え	備　考	担任印
1日(火)	4						
2日(水)	4	特別時程					
7日(月)	4	眼科検診					
8日(火)	5	尿検査2次					
9日(水)	4	特別時程　安全指導					
10日(木)	5	尿検査3次					
11日(金)	4	眼科2次 聴力 内科検診					
14日(月)	4	耳鼻科検診					
15日(火)	5						
16日(水)	4	特別時程					
17日(木)	5						
18日(金)	5	短縮時程					
21日(月)	4						
22日(火)	5						
23日(水)	4	特別時程					
24日(木)	6	全校遠足					
25日(金)	5	全校遠足予備日					
28日(月)	5	特別時程					
29日(火)	5						
30日(水)	4	特別時程					
31日(木)	5						

教師のねらい

　園から入学してきたばかりの子たちの中には強い不安を抱えている子もいます。それは，小学校のことをよく知らないからです。「知る」ということは，新しい環境に慣れる，もしくは安心できるための大切なキーワードになります。

　だからこそ，「学校探検」を通して，学校の「人・もの・こと」を知り，学校が安心できる場所であることを実感できるとよいでしょう。そして，それは早いに越したことはありません。私は学校探検を1週目や2週目には実施するようにしています。また，学校探検とひと言で言っても次のような探検の型があります。

・「ぶらぶら型」

　決められた時間の中で，子供たちが校舎内を自由に探索する探検方法

・「ガイドツアー型」

　教師や児童が先頭に立ち，学校の様々な場所を案内する探検方法

・「スポット」型

　小グループで，決められた部屋に出向き探索したり質問したりする探検方法

・「スタンプラリー型」

　上学年とグループになり，案内されながらスタンプラリーに取り組む探検方法

この中で，おススメしたいのは「ぶらぶら型」の学校探検です。それは，スタートカリキュラム指導のポイントの「楽しくなる」「自由になる」「物語になる」という３つのポイントをたくさん含んだ活動だからです。

活動の流れ
⓪子供の思いや願いを汲み上げる

　１日の振り返りや子供たちのつぶやきで出てくる「○○に行きたい／○○に会いに行きたい」という思いを汲み上げます。それを「いいね〜。探検みたいだね。みんなで探検しちゃう？」と「探検」という言葉で活動のイメージや方向性を提示します。

①探検の約束（時間，場所など守ること）を確認する

Ｔ：じゃあ，今日はいよいよ学校探検の日です。楽しみだね。でも，気を付けてほしいことがあります……。

　→以下，板書参照。松村・實來（2020）のように，探検の歌でルール確認したり，入室してはいけない場所に貼ってある紙で説明したりします。

　→園での経験から子供たちは「時計の長い針が４のときに帰ってくるんだよ」と指示すれば伝わることがほとんどです。ですが，実態に応じて「チャイム（鐘）が鳴ったら帰ってくる」のように指示するのも手です。

　→このとき，子供たちから「探検グッズがほしい！」という話が出てくる

かもしれません。それは，例えば探検バック（バインダー）や探検メモ（メモ型ワークシート），探検地図（学校の地図）だったりします。教師は事前に準備しておき，子供たちの求めに応じて出すとよいでしょう。

②「ぶらぶら」型の学校探検を行う（探検は20分程度）

●お兄ちゃんの教室に行ってみよう！

●校長先生に会いに行きたいな。

●遊べる広い教室はないのかな。

●階段の一番上までいってみよう。

●誰かと一緒に探検したいな。

T：（このとき，教師はたくさん写真を
　　撮っておくようにする。そして，振
　　り返り時に見せられるようにする）

> 学年一斉に行う，教育支援員さんの手も借りるなど，各階1〜2名は見守りできるように安全に配慮する。

> 探検場所を自由に決定できる工夫（自由になる）。
> 探検ごっこ遊び（楽しくなる）。

③探検を終えて，見つけた「宝物」を共有し合う

T：さあ，みんなどうだった？　何か宝物が見つかった？

●え〜とね，校長先生が1階の豪華そうなお部屋にいたよ。

●大きなピアノとか置いてあるお部屋があったよ。

●もっともっと探検に行きたい。

→この共有（振り返り）の時間がとても大切です。このとき，具体物がないと発見したことを忘れてしまっている子もいるので，拡大テレビに探検の具体的な様子を写すといいでしょう。そうすると，探検グッズとしてこのタブレットをほしがる子が出てきます。このタイミングで，タブレットの使い方を指導して，カメラ機能を使い始めるのもとても効果的です。詳しくは，タブレットの使い方についての項p.115を参照ください。

④次回の探検の計画を立てる

T：じゃあ，次の探検の計画を立てていこうね。

次はどこいきたい？（校舎の拡大図を出しながら）

●次は，○○ちゃんが言っていたたくさんの本がある場所に行きたいな。

●次は，もう少し長く探検してみたい。

●あの，探検グッズでメモを増やして，メモしながら探検したいな。

→ここで校舎の拡大図を提示し，学校全体の教室が把握できるようにします。そうすることで，「このお部屋も行ってみたい」という思いや願いを引き出したり，これ以降まとめるときに活用できたりします。

スタカリ1up　いろいろな型の学校探検

　ぶらぶら型にスポット型，ガイドツアー型にスタンプラリー型などいろいろな種類の学校探検があります。本書ではある年の実際の例をもとに，「ぶらぶら型」→「スポット型」→「ガイドツアー型」と変わっていく学校探検について紹介します。

　どの方法にも一長一短があります。例えば，ガイドツアー型は自由が少なく子供たちが連れ回される，自分ごとになりにくいというデメリットはありますが，メリットもあります。それは不安感が強い子たちが多い場合，ぶらぶら型やスポット型の前に教師がガイド役になることで，次から行う探検の見通しがもちやすくなるということです。

　たくさんある学校探検の中でどの型を行うのか，大切なのは「子供たちの実態」というわけです。

　また，学校事情もあるでしょう。自由度の高いぶらぶら型をやりたいけれど厳しい……。そんな方もいるかもしれません。そんなときは，「自己選択・自己決定」の度合いを少しでも高めることを意識してみてください。「校舎全体は無理だけれど，２階だけなら……」「２階も無理だけど，○○教室だけなら自由にじっくり探検できそう……」などです。そうすると，子供たちの学びは大きく変わってきます。「自分にできるところからやってみる」。スタカリに取り組むうえで，これがとても大事なマインドです。

ぶらぶら型の学校探検を実施するために

　ぶらぶら型の学校探検だと，×印の紙が貼ってあるお部屋以外は全て入ってよいことになっています。もちろん，各学年の教室もです。

　そうすると，学習する上学年の様子も間近で見ることができ，憧れをもったり，学校の仕組み（授業の挨拶，日直，当番，ノートなど）に気付いたりとたくさんのメリットがあります。しかし，もちろんいきなりそのような探検を行うことはできず，事前の準備が必要になります。

　私は，事前に職員会議にて学校探検の実施について下のように起案し，協力を求めるようにしています。

生活科・学校探検のお願い

1年　安藤

1、ねらい
2、◎単元のねらい
　学校内を探検して、学校の施設や動植物、学校生活を支えている人々に気付き、すすんで関わる中で、関わりが深まり、学校に対する愛着を形成する。
　◎本時のねらい
　①授業の様子【こと(仕組み)】に気付く。(規律や学校のルールについての学び)
　②様々な教室の様子や教室にあるもの【もの】に気付く。
　(1年生の教室以外にもたくさんの教室やものがあるという学び)
　③学校で働く人々の様子【人】に気付く。

3、実施計画(学校探検)

回	ねらい	場所	実施方法	実施単位	実施日
0	みんなで学校内を歩き、どんな施設や設備があるかを考えたり、出会った人に挨拶をしたり、話を聞いたりすることができるようにする。㋐	校舎	担任による　ガイドツアー	クラス単位	―
1	個人で、校内の施設や設備を探検し、校内にはいろいろな部屋があり、教室にはない設備や道具があることや、そこにいる人に気付き、絵や言葉で表現できるようにする。㋒	校舎全域	ルールを確認し、個々人が自由に探検する。(20分間)	クラス単位	13日(水)　2・3時間目
2	個人で、校内の施設や設備を探検し、校内にはいろいろな部屋があり、教室にはない設備や道具があることや、そこにいる人に気付き、絵や言葉で表現できるようにする。㋒	校舎全域	ルールを確認し、個々人が自由に探検する。(20分間)	クラス単位	18日(月)　2・3時間目

ここで大切なのは，子供たちにとって何が学びなのか，１年担任が何をねらっているのか，そういった「子供観」や「学習観」，「指導観」を盛り込むことです。

　学習の流れにあったように，もちろん「廊下を走らない」「静かにする」などの指導は行います。そして，子供たちももちろんそれを分かっています。ですが，探検をしている最中に，素敵な宝物を見つけて思わず，「あっ！」と声が出てしまう。思わず小走りになってしまう。それは約束を破ったからと厳しく注意しなければならいのでしょうか。

　私は違うと思います。そこには，思わず体が反応せずにはいられないほどの素敵な発見が，心のドキドキワクワクがあったのでしょう。むしろ，その姿こそが学んでいる姿ではないでしょうか。

　そのようなことを職員会議でもお話しながら，「子供観」「学習観」「指導観」への理解を図ります。そうすることで，学校全体として１年生への関わり方，ひいては学びの捉え方は大きく変わってきます。

スタカリ1up 　**学校探検グッズ**

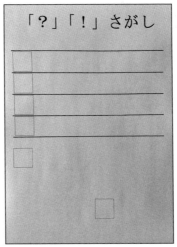

いろいろなタイプのワークシート

6年生との交流

・・

　入学式の後，すぐに右も左も分からない1年生がやってきます。

　小学校生活のスタートですから，ロッカーの使い方から，上履きの置き方から，何もかもが初めてです。

　そんなとき，「1年生のお世話」として6年生が朝の支度から様々なことを支援してくれると，1年担任としてはとてもありがたいものです。ですが，どのように支えていくか6年担任と打ち合わせ，6年生に伝わっていなければ，1年生にとっても6年生にとっても効果の薄い時間となってしまいます。

　ここで大事になってくるのが，繰り返し出てくるスタカリのマインドです。そう，1年生は0からのスタートではありませんでした。

　だからこそ，それを6年担任にも6年生にも共有しましょう。そうすることで，全てを教えてあげるお世話から，自立するのを支えてあげる関わりへと変化します。

　具体的には，以下のことを担任から6年生に伝えてもらったり，私から伝えたりするようにしています。

　君たちのこの『1年生お世話』のゴールは，1年生の困っていることを先回りして解決してあげたり，1から100まで全てやってあげたりすることではありません。

　1か月経ったときに，1年生が君たちがいなくても1人で身の回りのことができるようになることです。

　1年生はこれまで，園では自分で自分のことをしてきました。だから，まずは何でもやってあげるのでなくて，君たちがいなくても自分たちでできるように支えてあげてください。

そのために，準備の手順やしまい方を黒板に掲示してあります。まず
は，そういったものを見ることを促し，それでも分からなかったら説明
して，1年生が自分の力でできるように支えてください。直接やってあ
げるのは，最後の手段です。その場合も，「次は，何をするのかな」と
促してあげてください。そして，次は自分の力でできるようになるよう
に支えてあげてください。

　そして，困っていれば助けてあげてほしいのですが，それ以外は1年
生とたくさん一緒に遊んであげてください。

　とはいっても，君たちも6年生になって間もありません。ですから，
『1年生が自分一人でも身の回りのことができるようになる』，この目標
に向かって，どんなお世話がいいか一人一人がよく考えてみてください。
　そして，迷ったら先生たちに相談してください。そんな君たちを先生
たちも支えて，応援していけたらと思います。

6年生に求めるのは次のようなことです。

①困っている1年生がいたら声をかけて手伝ってあげること。
②やってあげるのでなく，やり方を教えてあげること。
③たくさん遊んで楽しく関わること。

　このとき縦割り班活動などと連動してペアの6年生を決めておくと，後々
の交流活動にも生きてきます。1年生にとっても6年生にとってもお互い成
長できる場になるといいなといつも願いながら指導しています。

　入学してすぐ身に付けたいスキルとして，「お手紙の確実な運搬スキル」があります。

　学校と家庭をつなぐとても大切な役割を果たすのが「お手紙」です。園では送り迎えがありますので，そこで先生から園での様子を直接聞けたり，連絡帳に様子が丁寧に書いてあったりする場合がほとんどです。

　しかし，1年生になった途端，そういった連絡帳や直接会える機会は激減し，子供たちの様子が保護者に伝わる機会も激減します。だからこそ，子供たちの様子や準備物を伝え，保護者とつながる「お手紙（学年だよりや学校だよりなど）」というツールはとても大切なのです。

　そこで，確実に保護者のもとに届くように工夫が必要です。もちろんお手紙は園でも配布されますが，先生がお手紙を直接お手紙袋に入れることも多く，枚数もそこまで多くありません。しかし，1年生ともなると枚数も多く，もちろん自分でしまい，届ける必要があります。

　私は，「お手紙隊（お手紙配達員，ポストマン）になるんだよ」と子供たちに指導します。そして，成功したらお届けのサインをお家の人からもらう取り組みをしたこともありました。

　また，右のように学級だよりで保護者の方にもお伝えして，理解を求めるようにしています。

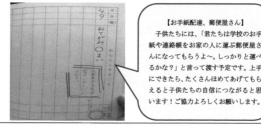

【お知らせとお願い】
◉連絡帳について
　連絡帳は学校と家庭を結ぶ大切なお便りノートです。特に、担任からの連絡事項やお手紙の枚数、準備するものなども書いていますので、お手数ですが毎日確認いただき、サインをしてください。なお、4月当初は下写真のようにお手紙の枚数のみ担任が書きます。様子を見ながら、4月下旬頃より子供たちに書いてもらおうと考えています。

【お手紙配達、郵便屋さん】
　子供たちには、「君たちは学校のお手紙や連絡帳をお家の人に運ぶ郵便屋さんになってもらうよ〜。しっかりと運べるかな?」と言って渡す予定です。上手にできたら、たくさんほめてあげてもらえると子供たちの自信につながると思います！ご協力よろしくお願いします。

お道具箱の中身配置と仕組みづくり

　1週目は自分で自身の学習環境を整えることも大切です。具体的には，朝の支度や帰りの支度などです。それがやがて次の時間の学習用具の準備へとレベルアップしていきます。

　そのとき大切なのが，「お道具箱の整理」です。学校で使う自分の持ち物の大半がこのお道具箱の中に詰まっているからです。だからこそ，お道具箱に関する仕組みをしっかりつくることで，様々なことが整っていきます。

　多くの園では，はさみやのりなどは全員の共有物としてみんなで使っています。だからこそ，お道具箱や学習用具に関しては，自分の持ち物だから，常に自分で管理するという意識は低いかもしれません。だからこそ丁寧に指導していく必要があります。

　私は，お道具箱の中を写真のように示し，右を「持ち帰りの部屋」左を「お泊りの部屋」とし，学習用具の部屋を分けています。

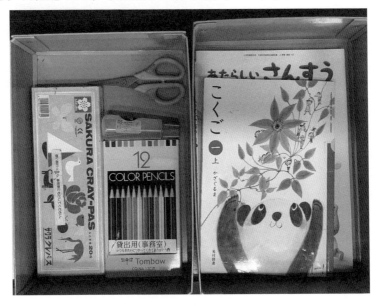

お泊りの部屋には，普段学校に置いておくハサミやのり，色鉛筆などの文房具を，そして持ち帰りの部屋には，教科書や連絡袋などの普段持ち帰る学習用具を入れるようにします。

　そしてこのとき，クリアファイルを1枚渡して，お泊りの部屋に入れるようにしています。お道具箱が乱雑になる原因の1つは持ち帰ってよいのか分からない，もしくは保管しておかなければならないプリントにあります。だから，このクリアファイルを一時お泊り部屋にしてプリントなどを入れます。そして，1週間に一度，金曜日の帰りの会で整理整頓の時間を設けて，クリアファイル内も整理するようにしています。

　このお道具箱は帰りの会で一度机から出し，自身のロッカーに持っていきます。そして，翌朝，支度をするときにまた自身の机に持ってきて引き出しに入れます。

　そうすることで，毎日2回は道具箱の中を見渡すことができ，
自然と片付けようとするきっかけになります。

　仕組みをつくった後も，確認する機会を設けたり，行動を価値付けたりするなどして仕組みを使って指導を重ねる必要があります。私の場合は，帰りの会で1分間の「ミニお片付けタイム」を設定したり，同じく帰りの会で「お片付けチェック」，「帰りの支度タイムトライアル」など様々な課題が書いてある短冊をくじふうに引いて行う「ちぇっくじ」という活動を行ったりして，楽しく取り組めるようにしています。

あなたの学校の1年生が，校庭で自由に遊んでよいのはいつ頃からでしょうか。

□入学式の翌日から？
□ゴールデンウィークが明けてから？
□1年生を迎える会が終わってから？

どうでしょうか。「1年生を迎える会」といったお披露目の行事を終えてから全校朝会や校庭遊びのデビューを迎えることが多いのではないでしょうか。

しかし，1年生を迎える会は入学してから2～3週間後。子供たちはというと，「ぼくたちもお兄さんやお姉さんみたいに校庭に遊びに行きたい……」と悲しそうにしていることはないでしょうか。

なぜそのような状況が生まれるのでしょうか。1年生を迎える会がお披露目だから？それとも1年生だけで校庭を遊ばせるのは危ないから？

前者は全くもって大人の都合です。後者についても幼児期あれだけ自分で遊んでいた経験がありますから，「0からのスタート」と認識してしまっている私たち教師に課題がありそうです。

とは言っても，不安な気持ちも分かります。けれど，きっと，それも学びのチャンス。心配なら，「でも，みんなが遊具でケガしないか心配なんだ」と子供たちに投げかけてみてください。「幼稚園みたいにこんなルールでやったらいいよ」，「じゃあ，1回みんなで練習してみようよ」と幼児期の学びとつなげるそんな声がきっと飛び出すはずです。

休み時間の遊びをどうするか，そこにもきっとスタートカリキュラムで大切にしたい，もしくはアップデートしたい教師のマインドが隠されています。

POINT 提出物の出し方・返し方

　1週目のうちに身に付けておきたいこととして，提出物の出し方と返し方があります。個人情報が書かれた書類もある中で，確実に提出し，確実にその子の手元に返す必要があります。ここの仕組みづくりができていないと不必要に時間がかかってしまったり，行方が分からなくなってしまったりします。私は，3段階に分けて指導しています。

①連絡袋や個人情報をまとめる封筒ごと自分の机に出す（1週目）。
②個人情報以外の提出物をグループごとの箱に出す（2週目）。
③一人一人が所定の場所に出す（時期を見て）。

　最初のうちは，①にして教師が連絡袋や封筒ごとまとめて集めるか，その場でチェックして返します。

　そして，2週目くらいから右のような色分けしたグループごとの箱に出していきます。これは，返却の際に3〜4人かつ席の位置もかたまった範囲だと，子供たち自らが行ってもほぼ確実に返却できるからです。この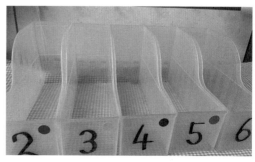返却は，友達の名前を覚えるのにも有効です。時間をとり，学校ポストマンゲーム（返却する時間や正確性を競う）をして取り組むこともあります。

　ちなみに，多くの園では朝登園して支度をする際に連絡帳を自分で所定の箱に提出しています。ですから，園での経験を引き出しながら自分たちで取り組めるような機会をつくりつつ，自分で確実に提出物を出したり，返却できたりするような仕組みをつくるとよいでしょう。

いろいろなスタートカリキュラム

　まずは，第1週目のスタートカリキュラムを終えてどんな感想を抱かれたでしょうか。ここでは，箸休めとして様々なスタートカリキュラムの事例について紹介していきます。

　スタートカリキュラム自体，幼児教育と小学校教育を円滑に接続するためのカリキュラムであり，編成・実施が義務付けられていました。しかし，その具体的なカリキュラムの時期や方法は示されていません。それは地域や児童の実態に合わせて，学校ごとに策定するものだからです。

　ということは，様々な形のスタートカリキュラムがあっていいし，様々な具体例があればあるほど，スタートカリキュラムを用いた実践は豊かになると考えています。本書もその一助になればと願い，筆をとりました。

　本書で紹介するのは，私のある年のスタートカリキュラムの実践例です。もちろん，その実践のもとになった素晴らしいカリキュラム例や先行実践もあります。それは，下のような自治体や学校での取り組みです。

・文部科学省 国立教育政策研究所教育課程研究センター編著（2018）『発達や学びをつなぐスタートカリキュラム』学事出版
・松村英治／寶來生志子(2020)『育ちと学びを豊かにつなぐ　小学1年　スタートカリキュラム＆活動アイデア』明治図書
・横浜市こども青年局保育・教育部保育・教育支援課『スタートカリキュラム実践ガイド』
・福井県教育庁義務教育課のスタートカリキュラムにおける様々な資料

　皆さんも，上記の取り組み例や本書を活用していただきながら，ぜひ目の前の子供たちにピッタリなスタートカリキュラムをつくり上げてください。

スタカリ第2週目

	4月11日（月）	4月12日（火）	4月13日（水）
行事	給食開始リハ	身体計測 給食開始	
モジュール	のんびりタイム ・学年全体スペース	のんびりタイム ・学年全体スペース	のんびりタイム ・学年全体スペース
1	国語 2/3　　音楽 1/3 **なかよしタイム** ◎担任と児童をつなぐ ①おはなしタイム ②先生タイム ③うたっておどろう ④今日の1冊	国語 2/3　　音楽 1/3 **なかよしタイム** ◎担任と児童をつなぐ ①おはなしタイム ②先生タイム ③うたっておどろう ④今日の1冊	国語 2/3　　音楽 1/3 **なかよしタイム** ◎担任と児童をつなぐ ①おはなしタイム ②先生タイム ③うたっておどろう ④スペシャルゲスト
2	国語 2/3　　生活 1/3 **なかよしタイム** ◎児童と児童をつなぐ ①めあてのかくにん ②遊びを決める ③自由あそび （④個人あそび）	国語 2/3　　生活 1/3 **なかよしタイム** ◎児童と児童をつなぐ ①めあてのかくにん ②遊びを決める ③自由あそび （④個人あそび）	生活 **わくわくタイム**　　p.101へ わくわくどきどき学校探検 ○第2回学校探検 ・めあて、約束確認 ・探検出発
	のんびりタイム	のんびりタイム	のんびりタイム
3	生活 **わくわくタイム** わくわくどきどき学校探検 ○第1回学校探検 ・振り返って次の探検の計画を立てる。	算数 **1年生タイム** やってみたいことにチャレンジ ○なかまづくりと かず	生活 **わくわくタイム** わくわくどきどき学校探検 ○第2回学校探検 ・振り返って次の探検の計画を立てる。
4	学級 **1年生タイム**　　p.94へ やってみたいことにチャレンジ ○1-1レストラン	生活 2/3　　行事 1/3 **わくわくタイム** ◎教室や周辺施設に慣れる（生活の？解決） ①教室周辺の施設の使い方を知る ②教室を素敵な場所に ③給食指導 ◎発育測定	学級 1/3　　算数 2/3 **1年生タイム** やってみたいことにチャレンジ ○なかまづくりとかず

　2週目で大切にしたいことは，「安心感」と「ワクワク感」です。

　2週目になると，人とのつながりが生まれ，場所や仕組みを知ることで，多くの子たちが安心して学校生活を送ることができるようになってきます。それは，1週目で「人への安心感」と「場所への安心感」を育んできたからです。それらを継続的に育みつつ，「学習への安心感」も育んでいくとよいでしょう。学習への安心感とは「園でも学習してきたことを生かせばよい」「小学校の学習もできそうだぞ」という安心感です。同時に，「楽しそうだ

4月14日（木）	4月15日（金）
視力検査	
のんびりタイム ・学年全体スペース	のんびりタイム ・学年全体スペース
国語 2/3 音楽 1/3	国語 2/3 音楽 1/3
なかよしタイム ◎担任と児童をつなぐ ①おはなしタイム ②先生タイム ③うたっておどろう ④今日の1冊	なかよしタイム ◎担任と児童をつなぐ ①おはなしタイム ②先生タイム ③うたっておどろう スペシャルゲスト
体育 ○うごきづくりランドであそぼう p.103へ ・様々なうんどうあそび	生活 わくわくタイム わくわくどきどき学校検 ○第3回学校探検 ・めあて、約束確認 ・探検出発
のんびりタイム	のんびりタイム
行事 1/3 学級 2/3	生活
視力検査 p.107へ ○1年生を迎える集会練習	わくわくタイム わくわくどきどき学校検 ○第3回学校探検 ・振り返って次の探検の計画を立てる。
学級 1/3 国語 2/3	国語
1年生タイム やってみたいことにチャレンジ ○新しい席で自己紹介キャッチボール ○好きな○○リレー	1年生タイム p.96へ やってみたいことにチャレンジ ○えんぴつと　なかよし ○ひらがな

ぞ」「もっと○○してみたい！」といったワクワク感を育むことで，活動範囲や活動内容が広がっていきます。また，それは成長・自己発揮する芽にもなっていきます。

　上記の内容を学校探検を中心として実現しつつ，1年生タイムで子供たちの学習したいことも適宜取り上げていくとよいでしょう。

給食はレストランごっこ遊びで

教師のねらい

　園でお弁当はもちろん給食の準備を行ってきている子も一定数います。だからこそ，その経験を生かし，1から全部教えるわけでなく，給食を「レストラン」に見立てて「レストランごっこ遊び」に取り組みながら給食のルールをつくり上げたり，確認したりするとよいでしょう。

活動の流れ

①給食が始まり，教室が「レストラン」に変わることを予告する

T：みなさん，実は○○から，この教室がレストランに変身します。

●え〜，レストランってどういうこと!?

●何か美味しいものが出てくるのかな。

●レストランってことはコックさんがいるのかな？

> レストランごっこを行う工夫（楽しくなる）。

②教室レストランの仕事やルールを確認する

T：みんなも幼稚園や保育園で給食を食べたことがあると思います。思い出してみて。レストランにどんなお仕事があったり，ルールが必要かみんなで考えていこうね。

●え〜と，給食をよそるお仕事があったね。

●先生がついでくれてた！

●自分の給食は並んで自分でもらっていたよ。

●お口に食べ物が入っているときはお話しないって言われてた。

→仕事やルールについては，後述のようなものが想定されます。その際仕事については，「コック」，「ウェイター」などレストランごっこに入り込めるように名前を工夫すると，さらに盛り上がります。

> 園での経験を生かしたり，レストランごっこという設定から考えたりする工夫（物語になる）。

94

【仕事】

　コック（給食当番），ウェイター（机を拭いたり配膳したり），お客さんなど

【ルール】

　・レストラン（給食）準備タイムになったら余計な話をせず静かに過ごす。

　・給食量の調整ついて

　　（配膳する際に申告する，皆が配膳を終えてから調整する，など）

　・食事中の話について（もぐもぐタイムとお話タイムを設ける）

　→ここで大事なのが，アレルギーや個別の配慮に関する話です。先生がレストランのオーナーになりきって話をするとよいでしょう。また，私はどうしても譲れない給食のルールがあったら，その際に思いや願いと共に説明するようにしています。

③役割分担をし，実際にレストランごっこ遊びをする

Ｔ：皆さん，もうレストランを開店できますね。みんなで役に成りきってレストランごっこ遊びをしましょう。今日のメニューは何かな～。

　●小学校ではこんなふうに準備をするんだ。

　●早くコックの仕事をやってみたい！待ちきれないや。

　→レストランごっこ遊びを行うことで，自分たちで給食の仕組みやルールをつくり上げようとする意識が出てきます。レストランの名前を決めたり，机配置を決めたり出し物（係と関連）があったりと，これ以降も楽しく取り組める工夫をしていきましょう。

スタカリ1up 空食器指導

　自治体によっては，事前に空の食缶と食器だけを用意してもらい，給食の配膳ができる空食器指導ができる場合もあります。そうすると，上のような流れの後に，実際の食缶，空食器を使って「レストランごっこ遊び」を行うことができ，とても盛り上がります。

はじめてのひらがな

・・・

教師のねらい

　1年生であっても多くの子たちが，文字の読み書きができるようになっています。ですが，もちろん全く読み書きができない子もいます。どちらの子にとっても有意義な時間となるようにひらがなの「文字習得」といったねらいを念頭に置きつつ「語彙拡充」もねらいましょう。

　「文字習得」，「語彙拡充」の両方をねらうので，様々な活動を行います。その際の学習文字数は最初は1文字，慣れてきたら実態に応じて2〜3文字行うこともあります。

　今回は，ある年の流れを紹介します。その年は，やりたいボードや帰りの会の発表で，「ひらがながやりたい！」「漢字を書きたい！」「たしざんをやってみたい！」「ノートにたくさん文字を書きたい」など，小学校ならではのことをしたいといった声がたくさん上がりました。そこで，「1年生タイム」という時間を設け，取り組んでいきました（物語になる）。

活動の流れ

◎ひらがなに対する子供たちの興味・関心を高める

・取り組みたいこととして，ひらがなを学習したいと意見が出たとき
・国語科やなかよし探検（生活科）の学習で名刺づくりを行った際に，もっといろいろな字が書けるようになりたいと意見が出たとき

①五十音音読を行う（「あ〜ん」まで順に音読する活動。タイムも記録）

Ｔ：五十音音読!!（イェ〜イ！と言って一斉に立つ）

Ｔ：ようい……スタート!!（一斉に読み始める）

　●終わった！（座って，自分のタイムを見る。続けて2週目に取り組む）
　→慣れてきたら逆順や子音順（あかさたな…）にも取り組んでみる。

②かきかきウォームアップ（運筆や姿勢，鉛筆の持ち方確認と練習）

Ｔ：では，かきかきウォームアップ。じゅ～んび。

【プログラム】

○姿勢確認

○グーパー体操（指先までピンと伸ばす。10秒間）

○運筆練習（空書き編，机の上編，鉛筆もちもち編）

③今日のひらがな（文字習得編）

Ｔ：今日のひらがなの歌を歌うね～。何か当ててね。

【プログラム順】

○「ひらがな唱え歌」による学習の見通しと字形把握（課題提示）

○「ひらがな間違い探し」による字形把握

○「ひらがななぞり書き（２～３回）」による字形練習

○「ひらがな空書き（２～３回)」による字形練習

○「ひらがなテスト（全員，列ごと，グループごとなど)」

　　　（空書きをして正しい筆順で書けているか確認。合格したら練習）

○「ひらがな練習」

　　　（一般的な練習プリントを想定。表面だけ取り組み，裏面は宿題）

　　　（早く終えた子は，プリントの隙間に言葉集めかミニ先生チェック）

　→教師は子供たちの間を回り，姿勢や鉛筆の持ち方，字形を評価していきます。
　　その際に，素晴らしい取り組みをしている子を価値付け，広げます。特別にプ
　　リントに花丸を付けてあげると他の子の意欲も高まります。字形が苦手な子に
　　は一緒に鉛筆を持って書いてあげるとよいでしょう。

　→ミニ先生チェックとは，子供たち自身がミニ先生になりきって自分の字をチェ
　　ックする活動です。頑張って一度書いた字を消してやり直すのは嫌なものです。
　　ですが，自分が先生になりきって間違い探しをするのは楽しいもの。活動に取
　　り組むことで，細部を認識する力が育っていきます。

　他にも，「ひらがなサバイバル（ひらがなを覚えているか問題を出し，空書きで答えていく勝負形式の活動）」や「音文字いっしょ（教師が音声で出した問題を書いて答えていく活動）」，「ひらがなフラッシュ」なども楽しく文字の習得ができる活動です。

④今日のひらがな（語彙拡充編）

【プログラム】

○ことバトル

　お題のひらがなを1文字出します。5分間でそのひらがなが使われた言葉を探して書いていきます。一番たくさん見つけられたら勝ち。

○レアことバトル

　お題のひらがなを1文字出します。5分間でそのひらがなが使われた珍しい言葉を探して書いていきます。グループや全体で発表していき，誰ともかぶらなかったら勝ち。

○しりとりリレー

　最初の言葉を教師が示します。後は，ノートに「りんご→ごりら→らっぱ」などと書いていきます。個人での取り組みはもちろんグループ対抗戦にしても盛り上がります。

　　→ひらがなの語彙拡充学習はノートやマス目付きのプリントで取り組むようにしています。簡単で楽しいけれど，語彙がとても豊かになります。

スタカリ1up　ひらがなの学習順番

　一般的なのは，「つ，く，し，こ，い……」などの難易度順や「あ，い，う，え，お」などの五十音順です。過去には，子供たちの興味順で学習したこともありました。

スタカリ1up　鉛筆の持ち方指導

　文字学習のスタートだからこそ，基礎・基本となる「鉛筆の持ち方」も指導したいところです。

　鉛筆の正しい持ち方を身に付ける一番のメリットは，安定した持ち方を身に付けることで，力が均等に伝わりやすくなり，文字の細部まで器用に書くことができるようになることだと思います。

　身に付けるためには，堅実な繰り返しが必要となります。持ち方の基本を押さえ，それを思わず口ずさみたくなるようなフレーズにし，掲示しておくとよいでしょう。私の場合は，次のように指導をしています。

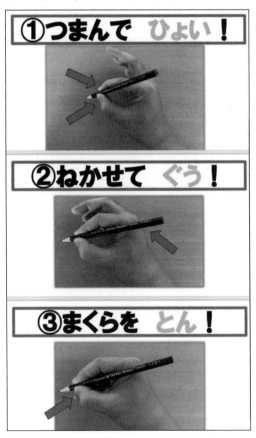

ひらがなを学習するとき，「かきかきウォームアップ」で時間をとってゆっくり確認しますが，それ以外の学習でも，最初のうちは歌を歌いながら繰り返し確認するとよいでしょう。

　どうしても身に付かない場合は，鉛筆の長さを調整したり，持ち方の補助具を使ったりするなどして，じっくり丁寧に指導を重ねていきましょう。

スタカリ1up 「国語×書写×体育」で楽しくひらがな学習を

　ひらがな学習の「とめ・はね・はらい」を楽しみながら体感的に理解するために，体育「多様な動きの運動遊び」と合科的・関連的に指導することもあります。それが，下のひらがなコースです。

　あ行コース，か行コースなどと決めて取り組みます。例えば，はらうゾーンは素早く駆け抜ける，はねるゾーンは勢いよくジャンプする，とめるゾーンは一度ピタリと止まるなど，遊び方を考えます。そうすることで，書き順はもちろん，字形の核となる「とめ・はね・はらい」を体感的に，しかも楽しく理解することができます。

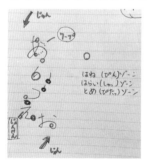 

活動&授業 学校探検その2

教師のねらい

　ぶらぶら型の学校探検の2回目の想定です。子供たちはぶらぶら型の学校探検を積み重ねることで，「次は，○○に行ってみるんだ～」，「○○を見つけに行くんだ」など活動の見通しがもててきます。

　そのうち，自然と「もっと○○を詳しく調べたい！」「○○のお部屋に入りたい」と学びを深めるような思いや願いをもつようになります。ここでは，全体でグッと学びが深まっていくような道筋を描けることをねらいとしています。

活動の流れ

◎前時の最後に，次回の探検の計画を立てている

- 次は，入学式をやった建物（体育館）に行ってたくさん遊んでみたい。
- 3階よりもっと上があったよ。きっと屋上に出られるはずだよ。
- でも鍵がかかっているみたい。
- じゃあ，鍵があるお部屋があるか，誰かもっているはずだよ。
- じゃあ，鍵みっけ探検だね。作戦会議をしたいな。

①探検の作戦会議を行う

T：（前時の板書写真を提示しながら）
　　「これから鍵みっけ探検なんだけれど，どこにありそうかな」

- う～ん，鍵は大切なものだからなあ。
- ぼく，この前先生がたくさんいるお部屋にいったんだけれど，あった気がするんだよね。あれ，どこのお部屋だったかな……。
- なくなったら困るから鍵がかかっているお部屋の近くにあるはずだよ。
- 鍵って大切な物じゃん。だから，校長先生が持ってるはずだよ。聞きに行ってみる。

②「ぶらぶら（共通課題）」型の学校探検を行う（探検は20分程度）

● おかしいな。体育館の鍵は体育館の横にあると思ったんだけどな。

● 校長先生に聞いたら，職員室にあるってよ。

→ ③，④の流れにつなげるために学習の流れや意図を踏まえ，管理職になぜ鍵がかかっているかや，鍵を借りるための「お願いの仕方」を考えてくるといった課題を子供たちに伝えてもらいます。

> 教育支援員さんの手も借りて，各階1〜2名は見守りできるように安全に配慮する。

> 自分たちの思いや願いに沿った共通課題がある探検を行う（物語になる）。

③探検を終えて，鍵の場所を共有し合う

Ｔ：鍵は見つかった？

● やっぱり先生たちがいっぱいのお部屋にあった。

● 副校長（教頭）先生が鍵をもってたよ。

● 鍵は特別なお部屋とか危ない場所とかに入れないようにしてあるから，副校長（教頭）先生にお願いして借りないとだめなんだって。

● じゃあさ，みんなでお願いの仕方考えて，借りに行こうよ。

● そしたら，鍵を開けて体育館で遊びたいな。

④次なる２つの活動（ストーリー）へ

Ａ：鍵を借りる依頼をするための話し方や話す言葉，入室の仕方などを皆で話し合う（国語との合科的な指導）。

Ｂ：（②で見つけたら借りてくるといった流れの場合）借りてきた鍵を持って体育館や屋上に実際に行ってみる。また，体育館で遊んでみる（Ａの流れの後，Ｂも考えられる）。

→ ＡとＢの後は，他に興味ある部屋を深めていくスポット探検（p.112へ）

活動&授業 はじめての体育

教師のねらい

　学校探検で体育館にたどり着いたときや，校庭探検を行った後，きっと子供たちはたどり着いたその広い場所で「もっといろいろな遊びをしたい！」と願うようになるでしょう。私はそのタイミングで，「体を動かす学習があって，体育っていうのだけれどやってみる？」と切り出しています。そしてその後，時間割上も体育という教科名を示し，移行していきます。

　スタカリ期の体育では，体を動かす楽しさを実感することはもちろん，グループやクラス全体で集まったり，並んだりする活動で集団行動の意識を育んだり，様々なミニ活動を合わせて発想豊かに動きを工夫することの大切さを態度化したりすることに取り組みます。

活動の流れ

（ピシッと整列せず，教師の周りに丸くゆるっと集まって話をします）

①楽しみながら体を動かす準備運動

Ｔ：みんな，今日はこの体育館がジャングルや海や草原に変身します。

　　どんな動物がいるかな。いろいろな動物をハンターになって捕まえるよ。

　　では，もうじゅうがりにいこうよ♪　……。

【プログラム名】

　　○あいこジャンケン

　　○引っこ抜きジャンケン

　　○ミニミニお相撲

　　○大根抜きゲーム

　　○まねっこミラーリング

　　○あやつりマリオネット

　　○しっぽとり鬼ごっこ　など

> 場所やものを見立てたり，変身してなりきったりして活動していく（物語になる・楽しくなる）。

→「もうじゅうがり」で，楽しくペア，グループ，全体で集まることを繰り返しつつ，集まったら各プログラムを行い，様々な多様な動きを楽しめるようにします（もうじゅうがり→○○→もうじゅうがり→○○）。

→体育では，第4章図鑑編の「リズム太鼓」（p.165）を多用しています。集まるときも太鼓，開始や終了の合図も太鼓，活動中に変化をつけたいときも太鼓。ウキウキした明るい気持ちなります。笛は緊急用のみの使用です。

②運動遊びを行う（共通材：新聞紙，ボール，フープ，平均台など）

→共通材の遊び方を考えたり，コーンや段ボールがいっぱい，エバーマットを複数用意など，多様な場の設定をしたりして遊び方を考えます。

T：今日もってきたのは……「新聞紙」です。いやあ，これでどんな遊び方ができるかな。

●小さくして，のっかってみると面白そう。

●わあ，フラミンゴみたいだね。

●風船みたいにポンポンできそうだね。

●あ，すごい！見て。走ったら持ってないのに新聞紙が落ちないよ。

●じゃあ，勝負してみようよ。

> 共通材や場をもとに，自分たちで試して遊ぶ（自由になる・物語になる）。

T：すごい！面白い！天才さん見つけました。ちょっとインタビューしてみたいと思います（動きのコツや発想豊かな動きを価値付ける）。

③みんなで片付けをして，簡単な整理体操や振り返りを行う

T：（片付け，整理運動が終わったら）じゃあ，まずはみんな大きなケガはないかな。体チェックしてみてね（安全確認）。

T：では，今日の体育で見つけた動きのコツややってみたら面白かったことを発表したい人いるかな？

●〜な動きをすると，…できます。

●へんしんするとき，おしりを高く上げると本物みたいです。

スタカリ 1 up　いろいろなミニアクティビティ

・あいこジャンケン

　ペアになって同じポーズで座ります。その後，「あいこジャンケンはじめ！」の合図で，ジャンケンをします。あいこになったら素早く立ちます。早く立てたほうの勝ち。いろいろなポーズでジャンケンをすると発想が豊かになり，多様な動きを経験できます。

・引っこ抜きジャンケン

　ペアになって座ります。その後，「引っこ抜きジャンケンはじめ！」の合図で，ジャンケンをします。ジャンケンに勝ったら相手の手をつかみ，負けたらつかまれないように引っこ抜きます。

・ミニミニお相撲

　座って行う手押し相撲です。足で動いたり相手の手をつかんだりできないことを伝えます。足の裏を地面につけしゃがみポーズをとり，「はっけよい，のこった！」の合図でスタートします。

・大根抜きゲーム

　大根役（体育館では寝そべる，校庭では立つ）と抜き手役に分かれて10秒間で勝負します。大根役の際，どんなポーズで，どこに力を入れるか考えるとよいでしょう。

・まねっこミラーリング　あやつりマリオネット

　A：2人組になり，じゃんけんをします。負けたほうが勝ったほうの動きを真似します（まねっこミラーリング）。

　B：2人組になり，じゃんけんをします。勝ったほうが手や指を使って，上下左右に動かしたり，くるくる回したりと負けたほうを操っていきます（あやつりマリオネット）。

連絡帳の書き方

　宿題や日々の連絡を書き，家庭と連絡を取り合うために必要なものとして「連絡帳」があります。２年生以上の学年では，連絡帳は自分で書くのではないでしょうか。

　しかし，入学したての１年生だと，ひらがなをスラスラ書ける子は少なく，ほぼ書けない子もいます。では，連絡帳はどうするのでしょうか。

　多くの学校では入学してから１か月間くらいは毎週学年（学級）だよりを出していると思います。そこで，次の週の時間割や持ち物，連絡を細かに載せるようにします。

　連絡帳を書くまでの間，私は右のように，特に重要なプリントのみ配布日をお知らせしたり，お手紙の枚数だけは自分たちで書いたりできるようにしています。

　プリントは多くても10枚配る日はありません。だからこそ，算数と合科的・関連的に指導し，１年生タイムの時間で，

「今日は，プリントは何枚だった？」

「４枚！」

「そうか，じゃあ間違えないかみんなで数えてみようか」

「１，２，３，４」

「間違いないね。じゃあ，これをお手紙プリントに書くよ」

と具体物と関連付けて練習します。何よりお手紙隊として届けなければ！というミッションがありますから子供たちの必要感もあります。

POINT　移動時の並び方・移動の仕方・待ち方

　２週目ともなると，様々な種類の健康診断も始まり，クラスごとに移動する機会も多くなります。そこで，求められるのが移動するときの並び方や移動の仕方です。

　学校探検で校内を静かに移動しなければいけない理由については理解し，実際にでき始めている頃です。また，体育も始まり，ゲームを通してすばやく集まることにも慣れてきていると思います。ですが，集団での移動となるとざわついてしまったり，前と間があいて列が伸びてしまったりします。この時期，私は２つの並び方で並ぶようにしています。

　①「きたじゅん」並び……文字通り，来た順に並んでいく。
　②「なまえじゅん」並び……名前順に並んでいく。

　集まってきたら，「パンパン（手拍子），ハッ（まえならい）」とリズミカルで楽しいかけ声できれいに並んでいきます。そして目的地まで移動していきます。このとき大事なのが「変身すること」で，静かに移動することを体感的に理解することです。

　「静かに移動するよ」と言ってもなかなか伝わらないからこそ，「忍者に変身するよ！忍法隠れ身移動の術！」などと子供たちの「静かに」のイメージを具体物にたとえながら指示します。この指示だけで，子供たちは楽しく静かにしようと工夫を始めます。

　「足音１つたってない！」，「並ぶまで３秒。はやがけの術だ！」と静かに素早く動こうとする姿勢を価値付けるとよいでしょう。

◖ POINT ◗ みらいどけいとみらいづくえで授業準備

　徐々に学校に慣れてくる２週目。１週目から継続して安心感を育みつつ，自分たちの思いや願いを実現する活動を通して自己発揮できるよう支えていきます。さらに「自立」に向けて徐々に指導していきます。

　「自分のことを自分でできるようになる」ことが自立の１つの目安です。そしてそれは，学習や生活など多岐にわたります。ここでは，そんな自立することを支えるための２つの仕かけについて紹介します。

みらいどけい（未来時計）

　１つ目は「みらいどけい」（第４章図鑑編 p.152）です。

　子供たちには，「この時計は次の活動や時間が始まる時刻を指し示す秘密道具だよ」と説明します。

　そうして，次の活動や時間が始まる時刻に時計の短針と長針を合わせます。子供たちが本物の時計とこの未来時計を見ながら，「長い針が○まであとちょっとだから……」など，時間の目安を意識しながら活動したり，休み時間を過ごせるようにするための道具です。

みらいづくえ（未来づくえ）

　２つ目は「みらいづくえ」（第４章図鑑編 p.153）です。

　なぜ未来づくえというネーミングかというと，そのまま未来の机の様子を表しているからです。次の学習物を準備するために使います。

　黒板に子供たちの机の写真を貼ります。そして，次の活動や時間に必要なものを必要な場所に貼って掲示するようにします。そうすることで，子供たちは，「次の活動（時間）に必要なのは，○○だから」と準備することを意識したり，視覚化することで確実に準備することができるようになったりします。

　基本的な筆記用具はもちろん，教科書やノートの写真をラミネートしてお

き，活用しています。そして，子供たちが慣れてきたら，「次の活動や時間の最初の未来づくえには何がのっていると思う？」と机上の様子を考えるのを促すことで，見通しをもって準備しようとする習慣がつくようにしています。

スタカリ第3週目

	4月18日（月）	4月19日（火）	4月20日（水）
行事			特別時程 1年生を迎える会
モジュール	のんびりタイム ・学年全体スペース	のんびりタイム ・学年全体スペース	のんびりタイム ・学年全体スペース
1	国語 2/3　　音楽 1/3 なかよしタイム ◎児童と児童をつなぐ ①おはなしタイム ②先生タイム ③うたっておどろう ④今日の1冊	国語 2/3　　音楽 1/3 なかよしタイム ◎児童と児童をつなぐ ①おはなしタイム ②先生タイム ③うたっておどろう ④スペシャルゲスト	行事 なかよしタイム　　p.116 へ ○1年生を迎える会 ○BIG なかよしタイム
2	生活 わくわくタイム（スポット探検） わくわくどきどき学校探検　　p.112 へ ○スポット探検 ・めあて、約束確認 ・探検出発 ・振り返りと探検の計画	生活 2/3　　算数 1/3 わくわくタイム　　p.124 へ わくわくどきどき学校探検 ○なかまづくりとかず （かずみっけ探検）	生活 なかよしタイム ○ BIG なかよしタイム
	のんびりタイム	のんびりタイム	のんびりタイム
3	国語 1年生タイム やってみたいことにチャレンジ ○うたにあわせて　あいうえお ○ひらがな	図工 1年生タイム やってみたいことにチャレンジ ○春の宝物みっけ ・宝物探検バッグづくり	算数 わくわくタイム わくわくどきどき学校体験 ○なかまづくりとかず ・たりるかな（1対1対応）
4	道徳 1年生タイム ○節制・節度についての学習 （じゅぎょうが　はじまりますよ）	国語 ○いいてんき（教科書活用）　　p.118 へ ○えんぴつと　なかよし ○ひらがな	体育 ○うごきづくりランドであそぼう ・用具を使ったうごきづくりあそび

　3週目で大切にしたいことは,「教科への接続・学習の深まり」です。

　学校の「人・もの・こと」と繰り返し関わったり, その中で自分の気にな
ることや, やってみたいことに取り組んだりすることで安心感が醸成され,
成長し, 少しずつ自己発揮しながら学校生活を過ごせるようになってきた3
週目。そうした中で, 徐々に学校探検の活動から教科カリキュラムへと接続
したり, これまで1年生（ぐんぐん）タイムで取り組んできたことを教科カ

4月21日（木）	4月22日（金）
	保護者会　　　　　　p.127 へ
のんびりタイム ・学年全体スペース	のんびりタイム ・学年全体スペース
国語　2/3　　行事　1/3	国語
○いいてんき（教科書活用） ○えんぴつと　なかよし ○ひらがな	○いいてんき（教科書活用）　p.122 へ ○えんぴつと　なかよし ○ひらがな
生活	生活
わくわくタイム(スポット探検) わくわくどきどき学校探検 ○スポット探検 ・めあて，約束確認 ・探検出発 ・振り返りと探検の計画	**わくわくタイム(スポット探検)** わくわくどきどき学校探検 ○スポット探検 ・めあて，約束確認 ・探検出発 ・振り返りと探検の計画
のんびりタイム	のんびりタイム
図工	体育
1年生タイム やってみたいことにチャレンジ ○春の宝物みっけ ・春の宝物冒険探検	○うごきづくりランドであそぼう ・用具を使ったうごきづくりあそび
算数	算数
○なかまづくりとかず ・おなじかずのなかまさがし	○なかまづくりとかず ・おなじかずのなかまさがし

リキュラムへと統合したりすることが大切です。その際に「教科の対象」を理解し，「学んだ手応え」を実感することで，これ以降の学習への意欲が向上するだけでなく，学習内容の理解も深まっていきます。そうした積み重ねが「自覚的な学び」へと移行していこうとする芽を育んでいきます。

学校探検その3

・・

教師のねらい

　ぶらぶら型の学校探検，みんな一斉のスポット（共通課題）型の探検を経てきました。そうすることで，自身の興味・関心に沿って試行錯誤し，そこで生まれた「？」を共同解決することもできています。

　そこで，3週目の学校探検では自分自身の興味・関心に応じて，行きたい場所ごとのグループをつくりスポット探検を行い，学校の人・もの・こととの関わりを深めていくことをねらいとします。

活動の流れ

※準備のため①を行い，翌日以降で②〜を行うことも考えられる。

①探検の計画を立てる

● この前は，鍵みっけ探検では副校長先生にしっかりお願いできたね。

● 今度は，違うお部屋の先生ともお話して仲良くなりたいな。

● 違う鍵がかかっているお部屋があったから，また鍵を借りたい。

● 給食を作っている部屋にいる人にお話を聞いてみたい。

T：次は場所ごとに探検チームを作って，探検にいってみようか。

● 私はパソコン室に行ってみたい。

● ぼくは保健室に行きたいな。

探検場所を自己決定できる（自由になる）。

● 私は校長室に行って校長先生とお話したい。

● 探検の隊長と副隊長も決めてみたいな。

T：探検の場所は決まったね。じゃあ，今回の探検の隊長と副隊長も決めるといいかもね。

②探検する際の確認をする

T：では，探検グッズを確認した後，探検の歌を歌って出発だ！

　→この頃になると，思い思いの探検グッズをもっているはずです。地図やメモす

るためのワークシートやタブレット，後述する「学校パーフェクトマップ」の
ための小さい用紙などから自由に選択できるようにするとよいでしょう。

③「スポット」型の学校探検を行う（探検は20分程度）

●保健室って学校の病院みたいだな！

●へえ。ここで給食を作っているわけじゃな
　いのか。

●校長先生のお部屋に学校の模型があったよ。
　クラスの模型も作ってみたいな。

●先生たちがお仕事をするお部屋って職員室っていうんだって。

T：（このとき，教師はたくさん写真をとり，振り返り時に共有します）

> 探検場所を自由に決定できる工夫（自由になる）。探検ごっこ遊び（楽しくなる）。

④探検を終えて，見つけた「宝物」を共有し合う

T：さあ，みんなどうだった？　何か宝物が見つかった？　お部屋ごとに教
　えてね。

●すごいよ。保健室ではね，たくさんのお助けグッズがあって，転んだり
　病気になったりしてもへっちゃらなんだって。

●たくさん，ほうきとかゴミ袋とかがある謎の部屋が階段のすぐ下にあっ
　た。何する部屋か，次に調査してみる。

●体育館っていうでっかい運動もできるところがあって，ボールとか跳び
　箱とか遊べそうな道具がたくさんあった。もう，それが宝物。

→タブレットで写真や動画を撮影した子については，発表の際に大型テレビに写
　しながら発表できるようにしています。

→この共有（振り返り）の時間がとても大切です。このとき，写真を使った意見
　の共有もできますが，2～3週目からは気付いたことを地図にまとめていく活
　動も考えられます。

　学校探検で行う活動として，私がよく行うのは，『学校パーフェクトマップづくり』です。写真のように，学校の地図を用意し，そこに見つけたものや気付いたことを色別の紙にかき，貼っていきます。色は「赤…人に関すること」「黄…物に関すること」「青…出来事に関すること」としてまとめていきます。ひらがなを書けない子ももちろん多いので，絵が中心でも構いません。

　色別にすることで，「あれ，赤色の人発見カードが少ないから今度は人みっけ探検をしてみよう！」と観点別の探検への呼び水となることもあります。

　下の写真のマップは全体で作ったときのものですが，個別やグループごとに作ることもできます。他にも歌づくりや模型づくり，案内図づくりなどをした年もありました。

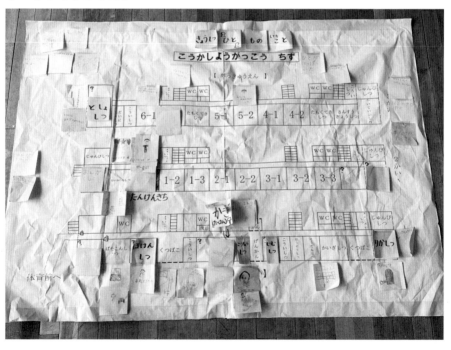

POINT タブレットの使い方

GIGA スクール構想にて，1人1台端末をもっているかと思います。

では，いつ使うのでしょうか。本当は使いたいのだが，ただでさえ忙しい1年生の4月。

（1年生だし……まだ使わなくてもいいよね）

そのようなことを思って，使わないまま4月が終わっていく……こともあるかもしれません。しかし，忙しい4月であっても6年生の力も借りながら，タブレットの基本的な機能を使えるようになると，先ほどの学校探検のように学習の幅は広がり，質も高まっていきます。

1年生の4月は交流というと音声や絵での表現が中心ですが，正確性に欠けたり，そもそも経験したことを忘れてしまったりすることもよくあります。それを補うのが写真や動画です。

私は6年生の手も借りながら，下のように，基本操作や使用するアプリを自分で使えるように練習したり，使用するうえでの約束をしたりしています。

【基本操作と使い方を説明する機能】

- ・タブレットもしくはタブレット端末の起動と終了
- ・カメラアプリ（写真・動画撮影機能）
- ・写真や動画保存アプリ（撮影した写真・動画の閲覧機能）
- ・ペイントアプリ（写真への書き込み機能）

【使用するうえでの約束】

使用するうえでの約束として右のことを約束しています。また，子供たちにも考えてもらいながら，約束を付け足し，付け足したものを教室に掲示するようにしています。

活動&授業 BIG なかよしタイム

教師のねらい

　なかよしタイムをはじめとする1，2週目の様々な学習で，子供たち同士の関係も結ばれてきている頃かと思います。そこで，「BIG なかよしタイム」と称して短時間ではできない活動を盛り込んでいきます。

　この時間のねらいは，「仲良くなるため」といった目的の達成に向けてみんなで合意形成を図りながら話し合っていくことです。

活動の流れ

①先生のお話と健康観察（朝の会での先生のお話）

T：〇月〇日〇曜日です。それでは，みなさんおはようございます。

T：（のんびりタイムの様子を伝える）

T：それでは，みんなの「元気チェック（健康観察）」をしていくよ。

T：（今日の1日の予定を伝える）今日のなかよしタイムは BIG なかよしタイムです。みんなでどんなことをして仲良くなるか決めていこうね。

②プログラム1「お話タイム」

T：では，なかよしタイムを始めていくよ。まずはお話タイム。今日グループでお話することは，「BIG なかよしタイム」でやりたいことです。

> 2週目以降のお話タイムは様々な話題を設定してグループごとに行い，関係性を深めていく。

③プログラム2「BIG なかよしタイムの相談」

T：では，グループのお話タイムでどんなやりたいことが出てきたかな。みんなで話し合ってやることを決めていこうね。

● みんなでサッカーをやってみたい。で，広い校庭でやってみたいなあ。

● サッカーだとこわいって子もいそうだね。

●ぼくはこのクラスのみんなで鬼ごっこをやりたいな〜

●みんなで折り紙大会を開くのはどうかな。

●保育園でやったみたいに，砂場で長く遊びたいです。

●いいね。お砂場だったら，ぼくはでっかい山を誰かと作りたいな。

T：たくさん出たね。どの遊びだとみんな仲良くなれそうかな。

●サッカーだとケンカとかになっても嫌だし，砂場だったらみんなで力を
　合わせて何か作れそうだと思います。

●いつも砂場はできないから特別って感じがして，いい。

④プログラム3「今日の仲良しゲーム」

T：今日の仲良しゲームは，みんなで話し合って決まった「砂遊び」です。
　ケガしないように気を付けて遊ぼうね。

●やったあ！砂場だ！

●サッカーはできなかったけれど。

●ねえねえ，一緒に泥団子作ろうよ！

●お店を開いても面白いかもね。

●砂場で何して遊ぼうかな。

> 教師は一緒に遊びながら
> も，一人一人が誰とどの
> ような関わりをしている
> のか，よく見る。

⑤先生のお話タイム（砂場を見ながら振り返り）

T：今日の先生タイムは，みんなに砂場あそびをしてどうだったかインタビ
　ューしてみたいと思います。

●長く遊べて楽しかったし，○○ちゃんと一緒にお山を作って，もっと仲
　良しになれました。

●大きな山もできました。もっともっとやりたいなって思いました。

・BIGなかよしタイムは4週目も適宜設けたり，「仲良くなったけれど，もっと
　仲良くなろう」と投げかけ，なかよしタイム終了に向けて特別に設定したりす
　ることが多いです。

教師のねらい

　子供たちのストーリーや幼児期の学びの経験を受けて，学んできたことを活かしながら小学校の国語の学習に接続していくことが大きなねらいです。

　これまで，１年生タイムとして行ってきたひらがなの学習を週案上は国語の学習として計上していました。ここでは，教科書を使用した国語の学習にどのように移行していくか紹介したいと思います。

授業の流れ

◎絵本の読み聞かせの予告を行う（なかよしタイムや１年生タイム）

→なかよしタイムで行ってきた絵本の読み聞かせ。続けて行っていると，きっと子供たちから「先生，明日はこれ読んでほしいんだけど」と読み聞かせのリクエストが来るはずです。それを積み重ねておき，明日読み聞かせする本は，右のように立てかけておきます。国語の始まりはここに仕かけをこらします。国語の教科書を立てかけておくのです。

Ｔ：さて，明日の読み聞かせはこの本です。

　💬あれ，いつもの絵本とは違うな……。

　💬これ，国語の教科書だよ！

　💬これもたくさんお話が載っているんだよ。

→ここで用いる教材は，どの国語の教科書の冒頭にも載っている挿絵が中心の教材です。想定として光村図書の「いいてんき」という教材を扱うことにします。「いいてんき」は山への遠足（冒険）がストーリー化された５枚の素敵な絵が並ぶ教材です。色彩豊かな絵が並び，見ているだけでも楽しくなります。ですが，

題名以外で文が載っているのは，5枚目の絵（ページ）のみです。

①絵本の読み聞かせを行う（次の日のなかよしタイム）

T：さあ，今日のお話はこの本に出てくる「いいてんき」というお話だよ。
　　じゃあ，読んでいくね。

　●素敵な絵だな。みんなで遠足に行っているのかな。

　●あれ，ねえ絵だけで文字が出てこないね……。

　●本当だ。次のページも絵だけだね。

T：これでお〜しまい。

　●大変だ！終わっちゃった！最後にちょっとし
　　か文字がなかったよ。

　●え，なんで。

　●お話の言葉がね，どっかいっちゃったんだよ。

　●きっとお話をつくる人が忘れちゃったんだね。

T：え，そうなの。でも言葉がないからこれでおしまいかな……。

　●じゃあさ，つくってみればいいんじゃない。わたしたちで。

　●それいいね。

T：面白いね〜。でも，言葉ってつくれるの。

　●絵からもね，お話って分かるからね，つくってみたい。

　●みんなで力を合わせて言葉を考えたらいいと思う。

> 教材から言葉について考える必然性を喚起する（物語になる）。

②国語への導入につなげる

T：分かった。実はね，小学校では，みんなが言ったように「言葉」につい
　　て考える「国語」っていう学習があるのね。さっそくこの「いいてん
　　き」の言葉を考えて，お話をつくるのをやってみる？

　●うん，いいね！考えてみたい。

　●国語ってそんなことするんだ。楽しみだな。

　●じゃあ，ひらがなも国語につながるんじゃない。

> 学びのストーリーから教科へと接続していく（物語になる）。

　他にも子供たちのストーリーに応じて，様々な国語への接続の仕方が考えられます。前述以外にも，学校探検から国語の学習へと接続していくこともありました。

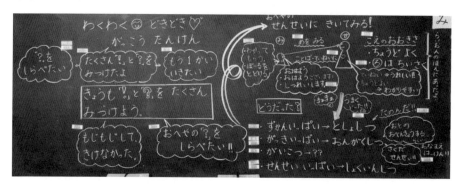

　上の写真は，鍵みっけ探検のときに，入室時や何かお願いする際の話し方や聞き方を学んだ際の板書です。具体的な言い回しだけでなく，どのような態度がよいか総合的に学んでいます。

　そして，実際に練習してみてお願いは大成功。その振り返りで学んだことのよさを実感したり，「もっとこういうことをやりたい！」という思いが高まったりしたので，「実はね，小学校では，みんなが言ったように言葉について考える国語っていう学習があるのね」と話をし，これ以降は時間割上も国語とし，教科書にも入っていきました。

　別のある年は，学校探検で知り合った人ともっと仲良くなるために，「なかよし探検」を行いました。

　次ページの写真のように，作戦会議で，「自分たちの名前を覚えてもらえるように紙に書いて渡したい」「それ名刺っていうんだよ」と話題に上がり，名刺を作ることになりました。ひと言で名刺作りといっても子供たちはとても真剣。仲良くなるためには，自分の名前を「丁寧に，真剣に，綺麗に，分

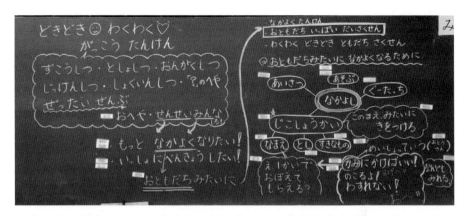

かりやすく」書いて，仲良くなりたいといった気持ちが伝わるようにしたいと願います。そのために，国語教科書の巻末にあるひらがな表をお手本にして，名刺作りを行いました。

　そうして，名刺作りを行って実際に探検の中で様々な学校職員に渡していきました。名刺を渡し終えた子たちはどの子もとても満足気。ですが，振り返りでは，「がんばったけれど，きっとまだまだ丁寧に書けるし，書きたいからもっとやりたい！」と声があがりました。そこで，先述のように国語の説明をしてひらがなの学習に入ったこともありました。

　どの教科への接続もそうですが，大切なのは「対象への自覚化」と「学んだ手応えや期待感」です。国語だったら言葉，算数だったら数や数字，かたちなどというように，学ぶ対象を理解することがまず大切です。加えて，「国語って学ぶとこんないいことあるぞ」と手応えを感じたり，「楽しそうだぞ」と期待感が高まったりするタイミングで接続していくこともとても大切です。

〈国語〉教科書を使った学習

教師のねらい

　子供たちのストーリーや幼児期の学びの経験を受けて，学んできたことを活かしながら小学校の国語の学習に接続していくことが大きなねらいです。

　ここでは，前時に１・２枚目の挿絵を読み解いた後，３枚目の挿絵のお話をつくる授業について紹介していきます。

授業の流れ

①学習することの確認と音読練習

T：前の時間にみんなで絵をじっくり見て，たくさんの人やものや出来事を
　　見つけたね！　こんな素敵な文もできました。読んでみようね。

やまを　どんどん　のぼるぞ〜　　　みんな　がんばってーーーー！
とうだいや　まちが　ちいさい　　　ねずみさんも　はやいぞ!!

T：今日は，３枚目の絵のお話を考えていくよ。

　→国語の授業の最初は音読学習から始めます。とはいっても，音読はとても難しい学習です。

　①○○おいおい（目や指で教師が読んでいる文字を追っていく）

　②追っかけ読み（教師が音読した後に同じ箇所を追っかけて読む）

　③いっしょ読み（教師と子供たちが一緒に読む）

　④指さし読み（教師が指でなぞった文を読んでいく）

　といった難易度順を意識して，子供たちの実態に応じて調整するとよいでしょう。このとき，立って音読できるようにします。立って音読するうちに自然と動作化を始める子がいるでしょう。価値付けながら，動きを楽しめるようにしつつ，次の劇遊びの活動への呼び水とします。

②挿絵を見て，絵の中の人やものや出来事を探す

Ｔ：今日の絵にはどんなお話が隠れているだろうね。見つけたことがあれば，
　どんどんお話してね。

- すっごく大きなお魚がいるよ。
- ねずみさんたちも水が落ちてきてびっくりしている。

→実態に応じてペアやグループで見つける時間をとってもよいと思います。ここ
　では，様々な事物を言葉で表すことを実感できたり，生活経験と関連付け言葉
　を理解しようとしたりすることを価値付けましょう。

③見つけたものをつないでいき，お話をつくる

Ｔ：たくさん見つかりましたね。つなげてどんなお話ができそうかな。

- 大きなお魚がはねてバッシャ～ンって水がはねて虹が出ている。
- みんないろんな自然のものを見つけている。
- ねずみさんたちも遠足してて，傘もさしている。

→適宜前時の挿絵と比べたりする発問も入れていくことで，思考が促されたりし
　ます。登場人物の行動や表情，場面の様子など，今後の国語授業の核となる視
　点を子供たちの発言から価値付けていきましょう。

④できたお話を音読したり動作化したりして楽しむ

- やったあ。今日も続きのお話ができたぞ！
- 今日はねずみさんの役に成りきってみよう。

〈算数〉学校探検とかけ合わせた学習

教師のねらい

　算数は子供たちが楽しみにしている学習の１つです。ですが，子供たちの頭の中にあるのは，「たし算」や「ひき算」，「かけ算」といった算数の学習です。

　それもそのはずで，１年生の１学期に行う10までの数や数の合成・分解は日常の生活経験の中ですでに身に付けている子が多いからです。ですが，それは個人差が大きく，できるつもりになっている子が多いのも事実です。ですから，教科書通りの基礎・基本を教師が一方的に提示する授業に陥るのでなく，また，ほとんどが何となく分かっているからといって大事な基礎・基本を疎かにすることもないように気を付ける必要があります。

　スタカリでは，学校探検をする中で見つけた「学級の数はいくつあるのか」という疑問を解決するというように，身近な生活と関連付けながら授業を行ったり，教科書の問題をストーリー化して授業を行ったりすることがおススメです。両事例を紹介します。

授業の流れ

◎算数（数量や計算，図形など）に対する子供たちの興味・関心を高める

- ●パターンブロックを使うと，いろいろな形ができるな。すっごく楽しいから，クラスのみんなでもやってみたいな。

- ●『違いみっけ探検（学校探検単元；園と学校との違いを見つける学習）』をしてみたら，トイレの数がぼくのこども園と違ってたくさんあったな。全部で何個あるのか調べてみたいな。

- ●毎日「郵便配達員さん」になって，お手紙をちゃんと配達できるようになってきたな。いつも２枚と３枚ばっかりだけど，３とかより大きな数も気になるな。

①学校探検で見つけた疑問から問題を提示する

Ｔ：この前の「数みっけ探検（学校探検単元：校舎内の数や数字を見つける
　　探検）」で，みんなはたくさんの数や数字が隠されていることに気付い
　　たね。でも，１つ「？」が残っていたね。なんだっけ？

　●学校のクラスの数の問題だった！

　●○○君は10個って言ってたけれど，○○ちゃんは９個って言ってたし，
　　みんなバラバラだった。

　●１年生と２年生は２クラスあるけど，３年生は１クラスだけでバラバラ
　　だから難しいんだよ。

　●え，１年生も２年生も２クラスずつだから，３年生も２クラスのはずだよ！

　●たくさん数えないといけないから難しいんだよ。

　●工夫すると数えられそうだよ。

②数を数える作戦を考える

Ｔ：う～ん，たくさんあると難しいんだね。

　●そうそう，忘れちゃうの。

　●頭がね，ごちゃごちゃ～ってなっちゃうの。

Ｔ：そうか，難しいよね。何か忘れなかったり，スッキリ数えられたりする
　　ような作戦はないかな。

　●あのね，指を使いながら数えると忘れないと思う。

　●地図を使って，見つけたらシール貼っていくのね，名付けてシール作
　　戦！　忘れないし，分かりやすいよ！

　●がんばって頭で覚えるの一番いいと思う。

③「数みっけ探検」の一環として調査しに行く

④調査結果をもとに大事なことをまとめる

Ｔ：みんなどうだった!?

> 探検の中で考えた作戦
> を，自由に試せるよう
> にする（自由になる）。

- ●シール作戦でやったんだけど，忘れずにできた。貼った後に，シールだけを数えていけばいいの。
- ●1年生が3で2年生が2で……。だから，合わせて10クラスってこと。
- ●頭でやろうとしたんだけど，やっぱりできなくて，途中で指作戦でやったら上手くいったよ。
- →このとき，調査結果をまとめていくが，教師は事前に写真を撮ったり，それを掲示物化したりして，具体物の個数と数字を関連付けていきながらまとめていくとよいでしょう。今回の例でいうと，実際のクラスが具体物，シールや指が半具体物になります。それらを皆で何度も確認して，具体物と数，それをつなぐ半具体物を何度も往還的に操作することで，数への理解を深められるようにします。
- T：そうか〜。この学校には，全部で10クラスあったんだね。指作戦やシール作戦も成功だったんだね。
- ●そうだよ。指もシールも残るからいいの。
- ●教室はね，うんしょって動かせないからね！
- T：教室は動かせないから置き換えたんだね。よし，次も置き換え作戦でいろいろなものを数えていこうか（教科書の問題へと）。
- ●楽しそう!!　やってみたい!!

スタカリ1up　教科書問題をストーリー化する

　私がよく実践するのが教科書のストーリー化です。一般的な算数の問題は，「公園で子供たちが6人あそんでいます。そこに，3人来ました。合わせて何人でしょう」のように，問題場面がストーリー化されています。スタカリ時の「10までの数」や「いくつといくつ」はそういった大きな問題がありません。しかし，ここでもストーリー化していくことで，子供たちは問題世界に入り込み，探偵ごっこをしながら楽しく取り組むことができます。私はPowerPointアプリや教科書のイラストを使って，そこに数の問題・疑問が湧きおこるようなストーリーをつくるようにしています。

はじめての保護者会

はじめての保護者会ではどのようなことを行えばよいでしょうか。

そのことを考える前に押さえておきたいのは，保護者と関わる機会という意味での園と小学校との違いです。

【幼稚園，保育所，認定こども園】

・子供の送迎でほぼ毎日直接会う。その際に様子を聞けたり，相談したいことを気軽に相談できたりする。

・連絡帳で丁寧に様子を知らせてくれる園も多い。

・HP 等でドキュメンテーション（子供たちの活動を写真と簡単な言葉で説明されたもの）の形式で日々の様子が紹介されている。

【小学校】

・基本的に会う機会はなく，電話でのやり取りもほとんどない。

・小学校の様子を知るのはお便りか，子供たちの話から。

比べてみると，急に子供たちの様子が伝わりにくくなっているのがお分かりいただけるかと思います。この急激な変化に際して，保護者の方が抱くのは，「学校ではどんな様子なのかしら」「担任の先生はどんな先生なのかしら」といった不安感でしょう。

もちろん，1学期の学習予定や準備するものを詳しくお話することも大切です。ですがそれ以上に，まずは入学してからの子供たちの様子や担任の思いを知ってもらうこと，これが何より大事だと考えています。

そこで，私は写真や動画を多用したプレゼンテーションを考え，以下のような流れで保護者会を進めています。

【保護者会のプログラム】

・入学してからの子供たちの具体的な様子と学習への取り組みを話す。

（学校探検の様子，ひらがなの学習の様子，なかよしタイムやのんびりタイムで友達と関わっている様子）

・なぜそのように学習や生活に取り組んできたか担任の教育観や学校としての方針を話す。

（スタートカリキュラムを行い，園とのゆるやかな接続を意識することで安心・自己発揮・成長できるようにしていることも話す）

・ご家庭での様子を話してもらう。

（実態を知ることはもちろん，保護者の方々同士がつながれるように）

・事務連絡等

→保護者会では，のんびりタイムの机の形にし，前方で大型テレビにスライドや写真，動画を写しながら話をするようにしています。

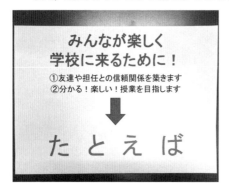 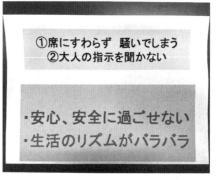

　そうして，子供たちの様子や担任や学校の方針を知ってもらうことで，様子が分かり，保護者の方が少しでも安心できるように様々な工夫をしています。

スタカリ1up　保護者会アイデアのあれこれ

　4月の保護者会では，基本的に上述のプログラムを実施することが多いのですが，過去には簡単な模擬授業をして私が大切にしたいことを解説しながら体感していただいたり，1年生末のテストを解いていただき，1年後子供たちに身に付けてもらいたい内容を実感していただくプログラムを行ったこともありました。

スタカリの考え方を活かした授業とは？

　徐々に教科カリキュラムへと移行する教科が増えてきた3週目。スタートカリキュラムの終わりも見えてきました。そうすると，気になるのが教科の授業をどのように行えばいいのかということです。

　教科の授業ですから，もちろん内容は教科カリキュラムに沿ったものになるでしょう。ですが，スタートカリキュラムで大切にした視点を活かして，授業をつくっていくことが大切です。

　スタートカリキュラムは幼児期の学びと小学校期の学びをつなぐものでした。さらに，ただつなぐというよりも学びや育ち，経験が積み重なるようにつなぐものでした。

　ということは，スタートカリキュラムが終わったらおしまいというものではないのです。スタートカリキュラムの期間が終わっても，大事にしたい視点はそのままですし，キーワードである「遊び性」（p.25参照）は変わりません。

　子供たちのドキドキワクワクする気持ちや態度が，まさに「遊び性」でした。そしてそれは，下のような3つの視点がポイントでした。

　　　　○楽しくなる　　　○自由になる　　　○物語になる

　この視点に立つと，必然的に子供観や指導観，そして学習観といった3つのマインドも自然と転換されていくはずです。

　スタートカリキュラム後の「遊び性」を活かした授業について，詳しくは第1章や拙書『小1担任の授業術』（明治図書）や『そこに，遊びがある授業』（東洋館出版社）をぜひご覧いただけたらと思います。

スタカリ第4週目

	4月25日（月）	4月26日（火）	4月27日（水）
行事		避難訓練	特別時程 聴力検査
モジュール	のんびりタイム ・学年全体スペース	のんびりタイム ・学年全体スペース	のんびりタイム ・学年全体スペース
1	学級 2/3　　国語 1/3 ミニなかよしタイム ①おはなしタイム ②先生タイム ③今日の1冊 ④ひらがな	学級 2/3　　国語 1/3 ミニなかよしタイム ①おはなしタイム ②先生タイム ③今日の1冊 ④ひらがな	国語 ○いいてんき（教科書活用） ○えんぴつと　なかよし ○ひらがな
2	生活 わくわくタイム わくわくどきどき学校探検 ○学校探検 ・振り返り ・探検の計画	生活 わくわくタイム　　p.132 へ わくわくどきどき学校探検 ○学校探検（ガイドツアー型） ・ガイドツアー型の準備	国語 わくわくタイム ○わくわくどきどき学校探検 ・としょかんへ　いこう
	のんびりタイム	のんびりタイム	のんびりタイム
3	国語 ○いいてんき（教科書活用） ○えんぴつと　なかよし ○ひらがな	算数 ○なかまづくりとかず ・いくつといくつ	図工 ○ぞうけい遊び ・スナバーランド
4	算数 ○なかまづくりとかず ・いくつといくつ	音楽 ○うたっておどってなかよくなろう ・音遊び　　p.142 へ ・うたってなかよし	図工 ○ぞうけい遊び ・スナバーランド
			掃除探検　　p.141 へ

　4週目で大切にしたいことは，「自覚的に学ぶことの意識化」です。

　徐々に教科カリキュラムへと移行したり，学習経験や生活経験が積み重なったりしてくると，学習内容や生活時程への見通しがもて，自分たちで考えながら行動することができるようになってきます。「めあてを立てる」，「考えて活動する」，「振り返る」そういった一連の繰り返しが自覚的に学ぶことを促していきます。

　また，徐々に当番活動や係活動といった集団での学級生活にも目を向けら

4月28日（木）	4月29日（金）休	4月30日（土）
		特別時程　　　　　　p.139 へ 授業参観
のんびりタイム ・学年全体スペース		**のんびりタイム** ・学年全体スペース
国語		国語
○はなのみち ○えんぴつと　なかよし ○ひらがな		○はなのみち ○えんぴつと　なかよし ○ひらがな
生活		生活
わくわくタイム わくわくどきどき学校探検 ○学校探検（ガイドツアー型） ・ガイドツアー型の準備		**わくわくタイム** わくわくどきどき学校探検 ○学校探検（ガイドツアー型） ・ガイドツアー型の探検 ・振り返り
のんびりタイム		**のんびりタイム**
算数		体育
○なかまづくりとかず ・いくつといくつ		○うごきつくりランドであそぼう ・固定施設や鉄棒を使ったうごきつくり 　あそび
体育		学級
○うごきつくりランドであそぼう ・用具を使ったうごきつくりあそび		○当番活動・係活動　　　p.135 へ
掃除探検		掃除探検

（中央列・縦書き）昭和の日

れるように促していくとよいでしょう。

　これまでスタートカリキュラムで大切にしてきた「安心・成長・自己発揮」といった考え方は，スタートカリキュラムが終わって形が変わっても，学校の生活や教科カリキュラムの中でどのように実現するか考えていくことで子供たちの学びは積み重なり，よりよく育っていくでしょう。

教師のねらい

　ぶらぶら型の学校探検，みんな一斉のぶらぶら（共通課題）型，そして興味に応じてグループを作り，スポット型の探検を経てきました。そうすることで，自身の興味・関心に沿って試行錯誤し，そこで生まれた「？」を共同解決したり，マップにまとめたりしてきています。

　4週目の学校探検では，まとめとしてガイドツアー型の学校探検を行い，学校の人・もの・こととの関わりを深めていくとよいでしょう。

活動の流れ

①探検の計画を立てる

T：たくさん探検して学校も隅々まで行ったね。

　●うん，いろいろな先生がいたし，宝物も見つけた。

　●一番，事務室が面白かったな。たくさんものがあって。

　●相談室の先生がとっても優しかったよ。

　●え，そうなの!?　ぼく保健室は詳しくなったけれど他の部屋にはサッと行っただけだからよく知らないな。

　●私も。自分がじっくり調査したところ以外も知りたい！

　●みんなでそれぞれ紹介し合えばいいんじゃない!?

T：そうだね。じゃあ，みんなで学校を紹介したり案内したりし合う学校ガイドツアー探検をやってみようか。

②案内する場所を決めて，紹介するものを決める

T：自分が案内する場所を決めて，グループに分かれたね。

　では，グループごとに紹介することを考えてね。

　「何をするお部屋なのか（できごと）」

> これまでの探検を受け，案内する場所を自己決定する（自由になる）。

「どんな人がいて，どんなものがあるのか（人やもの）」

●保健室は，学校の病院みたいな場所で，病気になったり怪我したりしたら行くお部屋だったよね。

●そうそう。で，○○先生って名前の，優しい保健室の先生がいたね。

●困ったら，いつでも来てねって言ってくれたよね。それもみんなに紹介したいね。

T：みんな相談できたかな。では，探検グッズを確認した後，探検の歌を歌って出発だ！

→それぞれ紹介したいことを中心に紹介していきます。その際に，スポット探検後のメモをまとめたものを渡して，話したいことを選べるようにできるとよいでしょう。

→基本的には，肩ひじ張らず遠足のようにリラックスした雰囲気で，おしゃべりしながらガイドツアーを行うことを想定しています。ですが，みんなの前で話すことに苦手意識をもっている子が多いときなどは，右のような台本を渡して，□のところだけ考え，お話できるようにしてもよいでしょう。

おへや　がいど

①ここは，

　　という　なまえの　きょうしつです。

②ここは，

　（する，している，がある）きょうしつです。

③ここは，

　（する，している，がある）きょうしつです。

④

③それぞれ案内する担当の教室までクラス全員を連れていき，「ガイドツアー」型の学校探検を行う（終わったら，また違うグループの子たちが全員を担当教室まで連れていき，ガイドを始める。繰り返す）

●ここが図書室です。

●図書室は，本がたくさんあるお部屋です。この本は借りることもできます。

●図書の○○先生もいて，本を探してくれたり，貸してくれたりします。

●みんなが見たこともないような，超巨大な絵本もあります。

●え～すごい。この本って借りられるんだ。

●図書室の先生に困ったことは聞いていいんだな。

●休み時間はいつでも使っていいんだね。

→子供たちの実態に応じて，②の準備と③の実際の探検は行う日を分けて実施し
　てもよいでしょう。

④探検の振り返りを行う

Ｔ：さあ，みんな学校ガイドツアー探検はどうだった？

●楽しかった！

●初めて会えた先生もいた。

●もう知ってるよって思ってたけど，行ってみると知らなかったことがた
　くさんあって驚いた。

●これで，もうこの学校のことは何でも知っているから，学校マスターに
　なれたって感じかな。

●すごく思い出に残ったから，思い出とかもかいてみたい。

→絵や文で表現できるＡ４の振り返りカードを作成しておき，ポートフォリオに
　しながらそれぞれが学習や行事，生活での思い出を取りためておくと，国語で
　の日記を書く学習や，生活科での自分の成長を振り返る学習で活用することが
　でき，おススメです。

当番活動・係活動の設定

教師のねらい

　2年生以上の学年では，4月始まってすぐ決めてしまう係や当番。1年生では，「初めてだから……スタートカリキュラムのときには決めなくても……」と思うかもしれません。ですが，多くの子供たちは園で当番，いわゆるお仕事活動を行っています。

　ですから，1年生であっても当番や係活動をすぐ始めることは自然なことです。スタートカリキュラムで大切にしてきたことを活かして，園での経験や子供たちの必要感や思いや願いを引き出しながら，自然と当番活動や係活動が始まるようにしていきます。

活動の流れ

◎思いや願いを引き出す

　→子供たちは，次のような場面で当番や係活動をしたいと願うはずです。

　・学校探検の際に当番や係の仕事をしている上級生の姿を見たとき。

　・担任が黒板を消したり，物を運んだり手紙を配ったりして大変そうにしているとき。

　・上級生に兄や姉がいる子たちが「やりたいボード」で日直や係活動をやりたいと意見を出したとき。

　そういった子供たちのつぶやきを見逃さず，試しに子供たちにお願いして，自由に活動できるようにしてみてください。先生にお願いされた特別な活動ですから，次第に多くの子が取り組みたいと願うようになるはずです。私はそのタイミングで，「園でもやってたの？」と切り出して当番や係活動を始めるようにしています。

①取り組みたい活動を考える

Ｔ：今みんなは黒板を消したり，プリントを配ったりするお仕事をしてくれ

ているよね。他にどんなお仕事をしてみたい。どんなお仕事があるとクラスがニコニコになるかな？

●いつも黒板に書くから，消す人が必要だね。

●プリントはたくさんあるから配った方がいいよね。

●幼稚園でも朝の会があったから，朝の会も自分たちでしてみたいね。

●なかよし広場の片付けをする人がいてもいいかも。

●教室が汚れていると嫌だから綺麗にしたいな。

●先生が大変そうだから，お手伝いする人がいいかもね。

→通常は，当番や係活動は，次のように棲み分けをしています。

　当番活動…仕事をしなければ誰かが困るお仕事（必ず取り組むもの）

　　　　　日直，給食当番，黒板消し，プリント配りなど

　係 活 動…活動を行うことで，クラスが豊かになる（自由に取り組むもの）

　　　　　クラス遊び係，なぞなぞ係，お笑い係など

ですが，同時に２つだと係活動まで行う時間がなかったりすることもあります。ですので，１年生の実態も考慮して，当番活動は日直，給食当番，掃除当番のみにし，後は係活動として子供たちの意欲を尊重するような決め方をすることが多いです。

②当番や係に分かれて，分担したりお仕事の内容を確認したりする

（この後，常時活動として取り組んでいく）

□ スイッチ係	□ パソコン・タブレット管理係
□ ロッカー整理係	□ 給食お手伝い係
□ 整理整頓係	□ クイズ係
□ 黒板消し係	□ レクリエーション係
□ プリント配り係	□ みんなお助け（サポート）係
□ 元気チェック係	□ お祭り係

これまでに取り組んだことのある当番や係一覧

　小学校では，家庭学習に取り組むために宿題を出すことが多いかと思います。では，宿題はいつから，またどのような宿題を出していけばよいのでしょうか。

　宿題の是非はありますが，私は1年生では宿題を出すべきだと思います。場所が変わっても自分で学習することができるようにするため，学習したことが確実に定着するためなど，様々なねらいがあります。が，一番のねらいは「保護者の方と『共育』するため」だと考えています。

　教育の最小単位は「家庭」です。だからこそ，家庭学習を通して，子供たちが身に付けていることや身に付けつつあること，課題などの学習状況を保護者の方にも把握してもらい，子供たちがさらに伸びるようにできる範囲でアプローチしてもらいます。

　ですから，宿題を始める前に，担任のねらいや思いを保護者の方と共有し，協力を仰ぐ必要があります。なので，宿題を始めるのは最初の保護者会が終わってからです。連絡帳の代わりにもなる右のような宿題カードを1週間に1枚ずつ発行し，厚紙に重ねて貼っていきます。宿題内容は以下の通りです。

・音読練習（4月から5月上旬）
　音読をし，観点に応じてチェックしてもらい，サインをしてもらう。
・ひらがな練習（5月上旬から）
　学習しているひらがなプリントの裏面
・計算練習（5月下旬から）
　問題と解答が一体になっている算数スキルを使うことが多い。

しゅくだい・カード

なまえ					
よむ　ところ	あいうえおのうた(P.23, 24)　あさのおひさま(P.26)				
つき／ひ	4/○	4/○	4/○	4/○	4/○
ようび	げつ	か	すい	もく	きん
よんだ　かいすう	3				
すらすら　よむ	○				
はきはき　よむ	◎				
ただしく　よむ	◎				
きいたひとの　しるし	光華　母				
ひらがな　ぷりんとうら（めうえ）やりました　のしるし	あ・い	つ	く	し	こ・い
先生の　しるし					

さらに，共育をするに当たり大事にしていることは，「放りっぱなしにしない」ということです。

　ご家庭で現状を把握して，「丁寧にできない」，「書き順が違う」，「計算を間違える」などの課題があると，できるようになってほしいと思うのが親心です。ですが，いざアプローチしても，「やり直しを極端に嫌がる」，「教え方が分からない」など様々な困ったことが出てきます。共育をうたう以上は，そういったフォローまでする必要があります。

　そこで，私は宿題カードの連絡欄や学級だよりで，次のように宿題でのどのように取り組むと上述のようなお困りが解決できるか具体的な方法を紹介するようにしています。

【Andyのつぶやき】
　今週も宿題のつぶやき。宿題の平仮名プリンも約半分終わりました。中には，丸付けをしやり直しをみていただいている方もいらっしゃいます。お忙しいのでご無理されないでほしいのですが，「この時期に文字を丁寧に書く癖」を身に付けると，忘れることのない習慣になります。逆も然り，，，，その丁寧さは身の回りの支度や様々な取り組み方にも生かされます。まさに平仮名を丁寧に学習する唯一の機会である今だからこそ大切にしたいことです。では，少ない時間でどうすれば効果的なのか！続きます、、、、。

【Andyのつぶやき】
　宿題の取り組みはどうでしょうか。音読のとき，ぜひ子供たちが「ハキハキ」，「スラスラ」，「正しく」読めているかという視点で聞いてあげるとよいかと思います。
　このカードに「暗記して読んでました！」と書かれている保護者の方がいらして，子供たちの成長に私まで嬉しくなりました！
　宿題のことで何か相談がありましたら遠慮なくご相談くださいね。

【Andyのつぶやき】
平仮名の学習の続きです。あまり時間をかけずに，でも効果的に平仮名の宿題をするために下のことをしてみてはどうでしょうか。楽しんで取り組めるといいですね！
☑　ミニ先生に変身！（子供たちが変身）
→書き終えた後，赤鉛筆で先生になりきってやりなおしをする。
☑　きれいさ勝負をする。
→保護者の方が書いた一文字とどちらが丁寧に書けているか勝負する。

【Andyのつぶやき】
保護者会で1年生で音読が大事なことをお話させていただきました。さて，問題です。音読のとき大事なコツが3つありました。何でしょう！？答えはぜひ6月23日の「Andyのつぶやき」をご覧ください。さらに，この3つのポイントができているときは会話文の「気持読み（なりきり読み）」がおすすめです。
　登場人物に変身して，「声の大きさ」「間の取り方」「読む速さ」，「声色」に気を付けて読むと，さらに豊かに音読できるようになります。

教師のねらい

　はじめての授業参観は，保護者も子供たちもドキドキしています。授業参観では，子供たちにかけるねらいと保護者の方にかけるねらいの2つがあります。子供たちには，身に付いたことを披露して自信を高める場になること。保護者の方には，子供たちの学習の様子を見て，安心と成長を感じてもらうことです。加えて，自身の子供の学習状況を把握してもらい，家庭学習への理解を深めたりすることもねらっています。そのために，はじめての授業参観は国語の授業で，15分区切りで3つの活動を行うようにしています。

活動の流れ

◎じゃんけん大会

T：今日は皆さんのお家の人が見に来てくれました。嬉しいね。これからお家の人とじゃんけん大会をします。誰でも構いません。お家の人とじゃんけんをして勝ったら席に戻ってきてね。勝つまで戻ってこれませんよ〜。では，スタート！

→子供たちの緊張をほぐすのに効果的です。また，保護者のことが気になって仕方のない子たちにとって落ち着くきっかけにもなります。

①音読の学習

　いつも行っている様々な方法で，音読の学習を行います（p.144）。

②ひらがなの学習（1）

　五十音音読とかきかきアクティビティ，ひらがな練習（1〜2文字）を行います（p.97）。

③ひらがなの学習（2）

保護者参加型のひらがなの語彙拡充学習を行います。例えば，ことバトルでクラス単位の親子対抗戦にしていくつ書いたか競ったり，ことバトルで丸を付けてもらったりというようにです。

スタカリ1up ねらいを伝える授業参観号

学級だよりで授業参観号を出し，授業のねらいや子供たちをどのような視点で見取ってほしいか，具体的なお願いを伝えるようにしています。

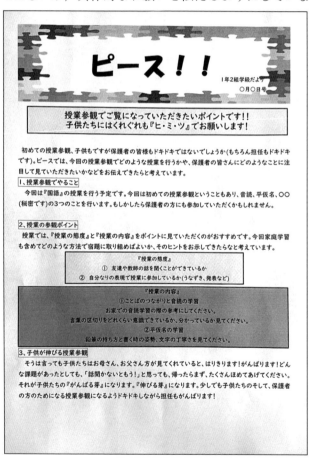

はじめての掃除

教師のねらい

　4月は，3～4時間授業で給食を食べて下校という教育課程（時間割）を組んでいる小学校がほとんどだと思います。私がこれまで勤務した学校では，どこも給食後に掃除があったため，1年生が掃除活動を始めるのは，4月の下旬か5時間授業が始まる頃でした。スタートカリキュラムを編成・実施するようになってからは「はじめての掃除指導」も工夫するようになりました。基本的には次のような流れで掃除指導をしています。

活動の流れ

⓪掃除をやってみたいというきっかけをつくる

　―1年生が下校するとき，丁度他学年の掃除の時間と重なるようにする。

　―帰りの支度中に6年生に掃除をしてもらい，興味をひく。

　―学校探検で用務主事の方と交流する中で掃除の必要性に気付かせる。

①他学年の掃除中に「掃除探検」を行う

　興味をもったら学校探検の一環として，掃除探検を行います。どのような場所をどのように掃除をしているか数回探検します。2回目以降は，探検グッズ「インタビューマイク」をもって掃除している上級生にインタビューして，掃除のコツや方法を教えてもらうようにします。

②掃除の作戦を立てる

　探検で見聞きしてきたこと，「園ではどうだったの？」と経験してきたことを引き出しながら，掃除をすることのよさを引き出し，掃除の大切さへの理解を促した後，掃除の場所や方法を考えていきます。

③実際にグループに分かれて掃除する

はじめての音楽

・・

教師のねらい

　園でも歌やリズム遊び，手遊び歌を通して，音遊びに慣れ親しんできた子供たち。そういった経験を引き出し，音にのって楽しく体を動かしたり，表現したりすること，そしてみんなで交流し合いながら音を楽しんでいくことを大切にするとよいでしょう。

授業の流れ

◎歌やリズム遊びなど音に対する子供たちの興味・関心を高める

　音楽でも，子供たちのそれまでのストーリーを活かして始められるようにしましょう。次のような流れが考えられます。

- 🗨学校探検をしているとき，楽器がたくさんあり，大きなピアノまであるお部屋が見つかった。学校には音楽の学習があって，音楽室もあるみたい。ぼくたちも音楽の学習をしてみたいな。
- 🗨なかよしタイムで取り組んでいる「歌って踊ろう」。歌を歌ったり踊りを踊ったりしてすごく楽しい。もっともっとやってみたいな。
- 🗨1年生を迎える会で，校歌を歌うことになった。音楽の授業で学習しよう。

①1時間の流れの説明

T：さあ，今日も音楽が始まったよ。今日は「歌って踊ろう」，「今日の歌」，「いろんな音，見〜つけた」をやっていくよ。

- 🗨今日は「歌って踊ろう」でチェッコリダンスをしたいな〜。
- 🗨「今日の歌」もこの前の「○○」を歌えるかな。

②歌って踊ろう（おとたのウォーミング：音が楽しいウォーミングの略）

T：今日はどんな「おとたのウォーミング」をやりたい？

- 🗨「さんぽ」の歌を歌いながら，じゃんけん大会がしたい。

●今日も「Oの世界（リトミック）」で動いたり止まったりしたい！

●音に合わせて「ミニストーリー」作りもしてみたい！

→リトミックのようなリズムダンスやリズムに乗って体を動かすゲームを行い，音を聞いて体で表現する楽しさを味わえるようにします。CDでもよいのですが，オルガンや片手持ちできる電子キーボードを使うと，音の曲調や調子を変えて，音に応じた動きを引き出すことができます。

T：みんなの大好きな果物を思い浮かべて「フルーツランド」を開くよ！
　　誰かがいったフルーツの名前に合わせて手を叩いてみてね。

●スイカ（T：ハイッ）

●スイカ（パンパンパンと手を叩きながら）

→リズム遊びのときはリズム太鼓を使って，言葉と拍子を合わせながら活動を行うとよいでしょう。

③今日の歌

　教科書にあるような歌や季節の歌を取り扱う。最初のうちは校歌を扱いながら，歌を歌ったり聞いたりします。

　リズム遊びや歌が取りたまってきたら，「動物が出てくる歌」→「T：動物さんたちお腹がすいたみたい！　ごはんを集めよう」→「フルーツランド（リズム遊び）で果物集め」など，組み合わせてストーリーを作っていくと発想が膨らんでいきます。

④いろんな音，見～つけた

T：今日の「いろんな音，見～つけた」で使うのは，じゃじゃん！タンブリンです。どんな音が見つかるかな。

●すごい！ふったらシャラシャラ音がなるよ！

●叩いたらパンパンってなる音，見つけた。

→新聞紙や木のは，身近な道具や楽器などの題材で音集めができます。

POINT 音読学習のイロハ

　音読学習は，１年生の学力の根幹を形づくる学習です。幼児期は，主に音声でのやりとりが中心でした。それが小学校に入学すると，ひらがなを学習し，文字によって書かれたものを読んで理解したり文字によって伝えたりすることが中心になってきます。ここに大きな壁があり，それを埋めるのが音読なのです。

　この時期の子供たちは，書かれてあることを読み，その読んだ自分の声を耳で聞き，補足的に文章を理解していきます。ですから，正しく読むことは正しく理解していくことにつながっていきます。だからこそ，授業でもしっかりと時間をとって，丁寧に音読指導を行うようにしています。

　私は，土居（2021）を参考にして，次のような観点で音読学習の指導をしています。

> ①スラスラ読める…言葉の区切れに気を付けて淀みなく読めること。
> ②ハキハキ読める…ゴニョゴニョでなく，一語を粒立てて読めること。
> ③正しく読める…読みとばしや付け加えなく，正確に読めること。

　さらに，音読練習といってもただ読むだけでなく，子供たちの実態に応じて，様々な音読の種類・方法を用いて指導しています。

> ・○○おいおい
> 　→教師の範読に合わせて指や目，声で，読んでいる文章を追っていく。
> ・変身読み
> 　→人物や動物に変身し，声の強弱や読む早さ，高低などを変えて読む。
> ・音読チャレンジ
> 　→ポイントを決め，個別やグループごとに対決しながら読む。

第4章

使ってみよう!
スタートカリキュラム
図鑑編

パターンブロック®

活用場面

・のんびりタイムや休み時間：箱に入れておき，自由に取って遊べるように
　しておきます。その際に，パターンブロックの例示本（東洋館出版社）も
　隣に置くと，遊びの幅が広がります。

活用方法

・1〜6人程度で行います。
・自由に組み合わせて，形を作ったり何かに見立てて遊んだりします。
・楽しく遊びながら，面積を捉える感覚の素地を養います。後の算数「かた
　ち遊び」の学習の呼び水にもなります。

「パターンブロック」は，株式会社東洋館出版社の登録商標です。
登録第5509133号

ブックスタンド

活用場面
・読み聞かせリクエスト（なかよしタイム，１年生タイム，国語）
・本の紹介（常時置いておく）

活用方法
・教師の机や教室のロッカーなどに，特に紹介したい本を立てかけて置いて
　おきます。
・折り紙の隣に折り方の本を，パターンブロックの隣にパターンブロックの
　本を置くことで活動の幅が広がります。

ひらがな文字カード

活用場面

・のんびりタイムや休み時間：箱に入れておき，自由に取って遊べるように
　しておきます。その際に，お手製の遊び方カードもあると，遊びの幅が広
　がります。
・国語の授業：グループごとに１セット配り，ミニアクティビティとして活
　用します。

活用方法

・五十音順に並べて遊びます。
・言葉づくりの競争をします（グループや個人の対抗戦）。
・ひらがなカルタをして遊びます（グループや個人の対抗戦）。
・ひらがなフラッシュをします。

サイト名：ぷりんときっず
URL：http://print-kids.net/

靴ピッタン修行

活用場面

・靴箱で外靴から上履きへと履き替えるとき

　（説明後，靴箱に掲示し，いつも見えるようにしておく）

活用方法

・修行の説明：見習い，修行中，一人前の３つのレベルを示し，見習いから
　スタートし，親方（教師）チェックをして，合格すると進級できることを
　説明します。

・適宜，教師がチェックをしてフィードバックします。見習いや修行中のレ
　ベルのときは踵をそろえる位置に色付きのビニルテープで印を付けておき，
　合格したらその補助テープを外すことも効果的です。

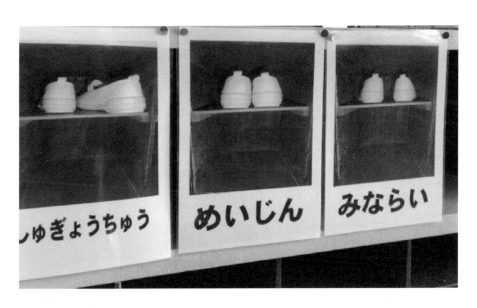

しぜんみっけ

活用場面

・なかよしタイムでのお話：常時設置し，誰でも置いたり見たりできるようにします。

・国語や生活科の学習

活用方法

・お話タイムでの話題，生活科「季節（春）遊びのきっかけ」：教室のロッカーの上などに置いておきます。そうすると，子供たちは自然と花や葉，木の実など気になったものを入れ出します。それを，お話タイムの話題にしたり，そこから生活科の季節遊びを始めたりできます。そうして，自然に目を向けるきっかけをつくっていきます。

むしみっけ

活用場面

・なかよしタイムでのお話：常時設置し，誰でも置いたり見たりできるよう
　にします。
・国語や生活科の学習

活用方法

・お話タイムでの話題，生活科「生き物飼育のきっかけ」：教室のロッカー
　の上などに置いておきます。そうすると，子供たちは自然とバッタやカマ
　キリなど気になったものを入れたり出したりします。それを，お話タイム
　の話題にしたり，そこから生活科の生き物飼育を始めたりできます。そう
　して，身近な生き物に目を向けるきっかけをつくっていきます。

未来時計
みらいどけい

活用場面

・授業中，活動に取り組む時間を伝えるとき

・休み時間に入るタイミングで，次の授業の始まりの時間を伝えるとき

活用方法

・「みらいどけい」の説明をします。未来を指し示す時計であること，この
未来時計の時間になったら，今の活動を終え，次の活動が始まることを伝
えます。

・実態を見て工夫します。実態を見てイラストも時計の上部に掲示したり，
マーカーを活用し，活動の全体時間が分かるようにしたりしてもよいでし
ょう。

みらいづくえ
_{未来机}

活用場面
・子供たちが自分で次の時間の持ち物を準備するとき
・学習中に机の上に出すものを確認するとき

活用方法
・みらいづくえ（未来机）の説明：これは未来机です。少し未来のみんなの
　机を見せてくれます。学習が終わったら未来机を見て，準備をしてくださ
　い。
・慣れてきたら，次の時間に必要になるものを確認して，未来机に貼ります。

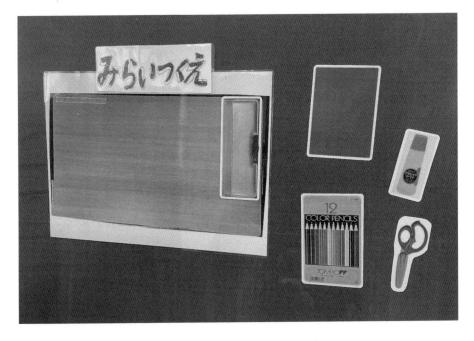

アナウンスくん

活用場面
・校内放送について説明するとき
・校内放送を注意深く聞くように指導したいとき

活用方法
・教室のスピーカーに「アナウンスくん」の目を貼ります。
・「アナウンスくん」の説明：今日はみんなに新しい友達の紹介をします。
　それは，このアナウンスくんです。アナウンスくんは誰かのお話をみんな
　に伝えてくれる仕事をしています。アナウンスくんは滅多にお話しません。
　ですが，話すときはとっても大事なことを話してくれます。アナウンスく
　んが話始めたら，アナウンスくんの目を見て聞こうね。

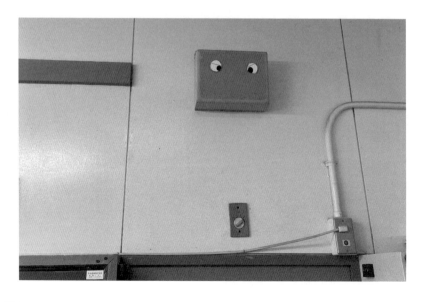

きょうのじかんわり

（今日 時間割）

活用場面

・なかよしタイムの教師の話のとき
・1年生タイム（帰りの会）の1日の振り返りのとき
・時間割を確認したとき（常時）

活用方法

・その日の時間割を時間ごとに掲示します。
・教科（時間）名のプレートの横には，学習することを簡単に書きます。学習内容を言葉とイラストで簡単に書いておくことで，1日の見通しをもちやすくなります。また，帰りの会で1日を振り返る際にも役立ちます。

こまった ［SOS］ ボード

活用場面

・○○の仕方が分からないなど困ったことが起こったとき：困ったことが起こっても恥ずかしかったり，言いづらかったりして伝えることが苦手な子もいます。様々な方法でそういった SOS を気軽に伝えられるようにします。

活用方法

・1人1枚，自分の名前の書かれたネームプレートを配布します。
・困ったら，子供が自ら教師の机上近くにある「困ったボート」にネームプレートを貼り，知らせます。
・気付いたら，個別に話を聞き解決します。全体に共有して解決したほうがよい話題であれば，本人に確認のうえ，全体で話し合う時間をとります。

未来黒板
みらいこくばん

活用場面

・みんなで取り組みたいことや学習したいことが生まれたとき
・みんなで取り組みたいことや学習したいことを相談するとき

活用方法

・教室後方の黒板を活用します。
・各教科，もしくは○○タイムといった表示を準備します。
・取り組みたいことや学習したいことが生まれたら，付箋紙に書いて貼ります。
・常に貼ったり見たりできるようにしておきます。

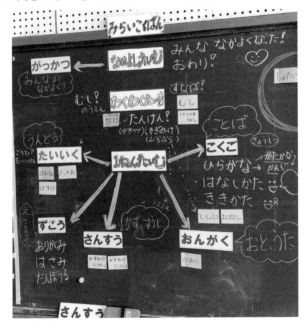

やりたいボード

活用場面

・やりたいことを思いついたとき：やりたいことを積極的に伝えるためのきっかけづくりとして活用します。

活用方法　※未来黒板と似たような活用方法

・やりたいことが思いついたときに，自分のネームプレートを貼ります。
・朝や帰りの会，もしくはなかよしタイムで話をするときに，やりたいことをクラスに話して共有していきます。
・実際にできそうなことに取り組んでみます。

まほうのじゅうたん

活用場面

・のんびりタイムやなかよしタイムで自由にゆっくりしたいとき
・絵本の読み聞かせのときなど，クラスで所定の場所に固まって，一体感を
　感じながら活動を行いたいとき

活用方法

・上履きを脱いで上がる，上では暴れないなど，使用するときに注意事項を
　事前に確認します。
・あらかじめ敷いたり，活動のときに広げたりし，自由に活用できるように
　整えておきます。
・絨毯でなく，フロアマットや簡易型畳なども同じような効果が得られます。

視覚の活用を促す　みるみるメガネ

活用場面

・虫や自然の生き物をじっくり見るとき（生活科）

・学校探検で細かいものを調査するとき（生活科）

・植物のお世話を行うとき（生活科）

・お話タイムでお話するものをじっくり見るとき（なかよしタイム）

活用方法

・「秘密道具」の１つとして提示：子供たちの「もっと詳しく見たい」，「特別な探検グッズがほしい」といった思いや願いが出てきたときに提示するとよいでしょう。特別な道具としてネーミングも工夫して提示することで，使いたくなります。

・太陽を見ない，振り回さないなど安全上の注意をします。視覚に着目した気付きを促したいときに活用するとよいでしょう。

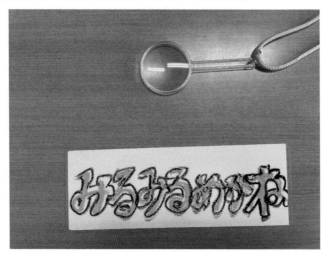

嗅覚の活用を促す　くんくんボトル

活用場面

・花や葉など自然のものを観察するとき（生活科）

・植物のお世話を行うとき（生活科）

・給食や植物など学校探検で匂いのあるものを調査するとき（生活科）

活用方法

・「秘密道具」の1つとして提示：子供たちの「もっと詳しく知りたい」，「特別な探検グッズがほしい」といった思いや願いが出てきたときに提示するとよいでしょう。特別な道具としてネーミングも工夫して提示することで，使いたくなります。

・使い方の説明：ペットボトルの中に匂いを嗅ぎたいものを入れて，匂いをかぎます。嗅覚に着目した気付きを促したいときに活用するとよいでしょう。

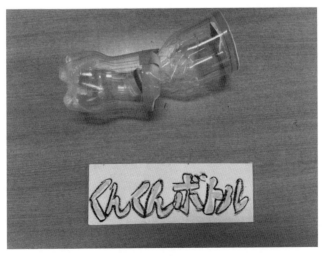

聴覚の活用を促す　きくきくフォン

活用場面

・虫や自然の生き物とお話をしたいとき（生活科）

・植物のお世話を行うとき（生活科）

・音楽室や放送室など学校探検で音のある部屋を調査するとき（生活科）

活用方法

・「秘密道具」の１つとして提示：子供たちの「もっと詳しく聞きたい」，「特別な探検グッズがほしい」といった思いや願いが出てきたときに提示するとよいでしょう。特別な道具としてネーミングも工夫して提示することで，使いたくなります。

・使い方の説明：飲み口のある狭いほうを耳に当て，広いほうを対象のほうに向けて使用します。聴覚に着目した気付きを促したいときに活用するとよいでしょう。

触覚の活用を促す　マジックハンド

活用場面

・自然の生き物やものを触ってみるとき（生活科）

・植物のお世話を行うとき（生活科）

・お話タイムでお話するものをじっくり触ってみたいとき（なかよしタイム）

活用方法

・「秘密道具」の1つとして提示：子供たちの「もっと詳しく知りたい」，「特別な探検グッズがほしい」といった思いや願いが出てきたときに提示するとよいでしょう。特別な道具としてネーミングも工夫して提示することで，使いたくなります。

・使い方の説明：指先だけ切り落としている手袋をはめて対象に触り，触り心地を調べます。触覚に着目した気付きを促したいときに活用するとよいでしょう。

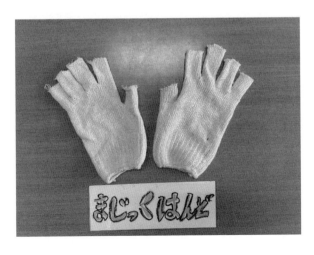

ひらがなのお部屋シート

活用場面

・国語でひらがなの学習を行うとき

・教室の掲示用

活用方法

・ひらがなのお部屋の見方の説明：ひらがなには４つのお部屋があります。
　ひらがなはそれぞれ形が違って，この４つのお部屋のうち，どこのお部屋
　をどんな風に使うかバラバラです。それぞれのお部屋をよく見て書くと，
　ひらがなとたくさん仲良くなれるよ。

・ひらがなを学習する際に，ひらがなのお部屋の番号や色を伝えながら指導
　します。『「い」のひらがなを書く練習をするよ。「い」は最初どのお部屋
　からスタートするかな。そして，次は……』

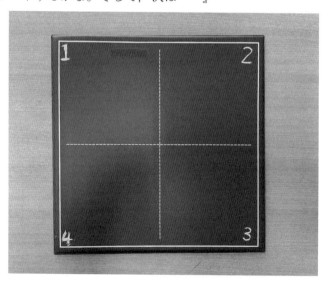

リズム太鼓

活用場面

・なかよしタイム，体育や音楽の授業などで，活動のリズムをつくったり，
　楽しみながらもゆるやかに注目を集めたりしたいとき

活用方法

・様々な鳴らし方で注目を集めます。
　「ダンダンダンダンダンダン……ダダン（徐々に早くしていく）」
　→活動の終わりを区切りたいとき
　「ダダン！！（大きな音で素早く）」
　→教師が活動の指示をするときなど，注目を集めたいとき
　「子供たちが活動中に音の強弱や速度を考えて軽快に叩く」
　→活動にメリハリやリズムをもたらしたいとき

探検バッグ

活用場面

・教室外での学習を行うとき（校庭や体育館での体育の学習，生活科での植物のお世話，学校探検など）

活用方法

・活用の注意点の説明：歩くときは，持ち手をもちます（転ばないように紐はしまう）。
　普段は机の横（通路と反対側）にかけて保管します。

・鉛筆や筆箱をチャック付きの箇所に入れ，バインダー部分にワークシートをはさんで利用します。

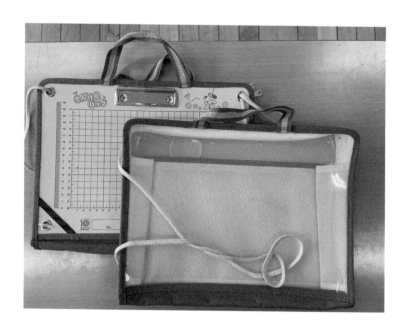

実物投影機

活用場面

・書き方や書く場所（位置），操作方法などを拡大してクラスに共有したり
　説明したりしたいとき

活用方法

・拡大したいものの用意：ワークシートやプリント，ノートなどは，子供た
　ちと同じものを準備することで，子供たちも混乱なく活用できます。
・実物投影機を通して大型テレビなどに映します。
・教師が実際に書き込んだり操作したりしながら見本を見せます。

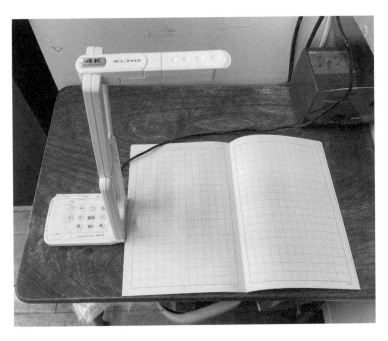

インタビューまいくん

活用場面

・学校探検（特にスポット型や掃除探検）で誰かにインタビューしたいとき
・なかよしタイムで特定の子の話を聞くとき

活用方法

・インタビューまいくんの使用方法を説明します。
・インタビューまいくんを１〜３個常設し，いつでも使えるようにします。
・誰かに話を聞きに行くことは，気恥ずかしさから難しさを感じる子もいます。インタビューまいくんを使うことで，そういった子も気軽に誰かに話を聞けるようになります。また，楽しさから積極的に活用しようとすることもねらっています。

スケッチブック

活用場面

・視覚的に指示をしたい（指示を残しておきたい）とき：常時的に指示することを残しておき、いつでも掲示できるようにします。
・教室以外の校舎内、体育館、校庭などの場所で学習を行うとき

活用方法

・上のような場面で、クラスを集めて話をしながらかいたり、かいたものを見せたりします。
・そのまま活動の拠点スポットにスタンドを置き、立てかけておきます。

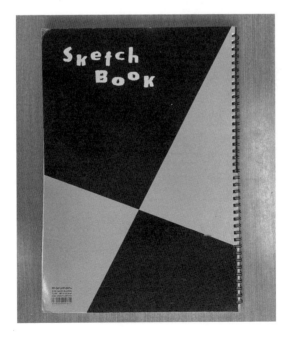

ふりかえりシート [生活科タイプ]

活用場面

・生活科の活動の振り返りをかくとき
・かいたものを取りためておき，それを見ながら学習を振り返るとき

活用方法

・最初に，左上の欄に日付を記入します。
・次に，観点をもとに活動を振り返ってできたこと，取り組んだ欄の色を塗ったり丸を付けたりします。スタートカリキュラムから1学期にかけては，この観点に丸を付けることから始めてみてもよいでしょう。
・左下の欄に気付いたことを言葉や文で書いて表現します。1学期のうちは，希望制にしています。
・右下の欄に気付いたことを絵で描いて表現します。1学期のうちは，希望制にしています。
・画用紙に貼るなどして，取りためておきます。1回の振り返りで，半分だけ使用します。

【生活科の気付きの質の高まり方】

・無自覚な気付きが自覚化されたとき
・個別の気付きが関連付いた気付きになったとき
・対象への気付きから自分自身への気付きになったとき

　生活科では，気付きの質の高まりが即ち，深い学びであることが『小学校学習指導要領解説 生活科編』でも明示されています。

がつ ／ にち	つかった	みつけた！？	つなげた（いっしょに）	くふうした	まえよりできた

(え)

がつ ／ にち	つかった	みつけた！？	つなげた（いっしょに）	くふうした	まえよりできた

(え)

ふりかえりシート [万能タイプ]

活用場面

・生活科や様々な学習で行った活動の振り返りをかくとき
・かいたものを取りためておき，それを見ながら学習を振り返るとき

活用方法

・ワークシートを数種類用意しておきます。

　①絵だけ描けるようなもの

　　　一番かきやすい形です。絵を描くのに慣れてきたら，矢印と簡単な言葉
　　　を使って，絵の説明をするように促すとよいでしょう。

　②絵と文字がかけるもの

　　　絵（下部）と文字（上部）の両方がかけるものです。文字をもっと書き
　　　たいときは下の点同士をつなぎ，行を自由に増やすこともできます。

　③比べられるもの

　　　欄が2つあることで，何かと何かを比べて気付いたことを表現できるよ
　　　うになっています。前の様子と今の様子を比べたいときは，欄を上下に
　　　配置すると自然と思考が促されます。

　④気になるところを焦点化してかけるもの

　　　虫眼鏡をもってくることで，気になるところ，気付いたところを特に大
　　　きく表現できるようにしてあります。

・自分で好きな種類を選びます。
・最初に題名（活動したことや単元名など）を書きます。
・日付と名前を書きます。
・自分が選んだワークシートに沿って，文字や絵で気付いたことを表現して
　いきます。

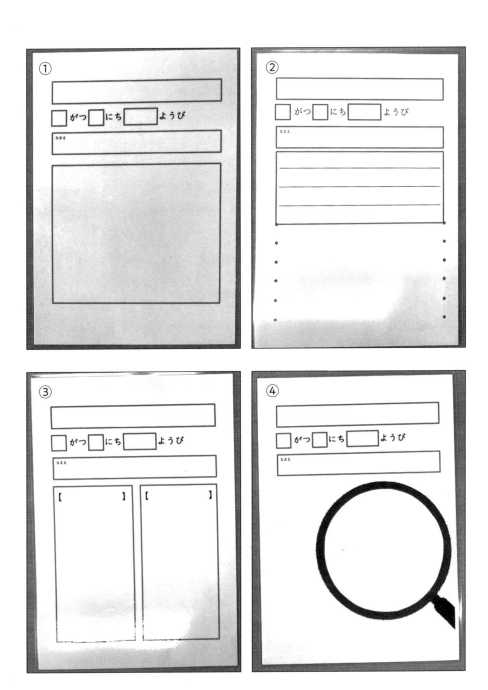

おわりに

　スタートカリキュラムについて記した本書はいかがだったでしょうか。

　「楽しそう，実践してみたい」とドキドキワクワクしていただけた皆さん。こんなに嬉しいことはありません。あなたの挑戦を応援します。

　「面白そうだけど，私には難しいかも」と思われた皆さん。大丈夫。大事なのは自分のできることからやってみることです。一つの授業，一つの言葉かけ。できそうなことからぜひ始めてみてください。

　スタートカリキュラムに挑戦し，実践することは，きっと子供たち，そしてあなたの笑顔につながるはずです。スタートカリキュラムから始まる小1担任ライフがたくさんのドキドキワクワクと幸せに包まれることを願っています。

　結びに，本書の発刊にあたり，たくさんの方々のご尽力を賜りましたこと，深く感謝いたします。

　まず，いつも心躍る学びを共に創り上げ，共に楽しんできた子供たち，そして，温かく支えてくださった保護者の皆様に感謝申し上げます。

　また，いつも一緒に挑戦し続けてくれる勤務校の先生方，研究同人の先生方，並びにご指導いただいた先生方に厚く御礼申し上げます。

　そして，明治図書出版の林さま。構想段階からたくさんのお力添えをいただきました。本当にありがとうございました。

　最後に，私の挑戦をいつも応援してくれ，何でも一緒に楽しんでくれる妻と子供たちへの感謝の言葉で本書を閉じたいと思います。

　いつも本当にありがとう！

安藤　浩太

引用・参考文献一覧

・山田敏編著（1979）『遊びによる保育』明治図書

・ホイジンガ／高橋英夫（1973）『ホモ・ルーデンス』中公文庫

・ロジェ・カイヨワ／多田道太郎（1990）『遊びと人間』講談社学術文庫

・高橋たまき／中沢和子／森上史朗共編（1996）『遊びの発達学　基礎編』培風館

・高橋たまき／中沢和子／森上史朗共編（1996）『遊びの発達学　展開編』培風館

・下村昇（2006）『ひらがな・カタカナの教え方』高文研

・宇野弘恵（2016）『スペシャリスト直伝！小１担任の指導の極意』明治図書

・国立教育政策研究所編（2016）『資質・能力　理論編』東洋館出版社

・奈須正裕（2017）『「資質・能力」と学びのメカニズム』東洋館出版社

・無藤隆（2018）『幼児期の終わりまでに育ってほしい10の姿』東洋館出版社

・文部科学省国立教育政策研究所教育課程研究センター編（2018）『発達や学びをつなぐスタートカリキュラム』学事出版

・田村学（2018）『深い学び』東洋館出版社

・松村英治（2018）『学びに向かって突き進む！１年生を育てる』東洋館出版社

・土居正博（2019）『クラス全員が熱心に取り組む！漢字指導法』明治図書

・松村英治／寶來生志子（2020）『育ちと学びを豊かにつなぐ　小学１年　スタートカリキュラム＆活動アイデア』明治図書

・田澤里喜／吉永安里編著（2020）『あそびの中の学びが未来を開く　幼児教育から小学校教育への接続』世界文化社

・福井県幼児教育支援センター（2015）『学びをつなぐ希望のバトンカリキュラム』

・土居正博（2021）『クラス全員のやる気が高まる！　音読指導法』明治図書

・安藤浩太（2022）『スタートカリキュラムと教科をつなぐ　小１担任の授業術』明治図書

・安藤浩太（2023）『そこに，遊びがある授業』東洋館出版社

【著者紹介】

安藤　浩太（あんどう　こうた）

1989年8月，鹿児島県生まれ。東京学芸大学教育学部卒業後，東京都公立小学校に勤務。日本国語教育学会会員。全国大学国語教育学会会員。日本生活科・総合的学習教育学会会員。国語教育研究会「創造国語」所属。教育サークル「KYOSO's」所属。生活・総合学習教育サークル「ふりこの会」共同主宰。国語科教育と生活科教育を中心とした低学年教育を実践や研究の主なフィールドとしている。

〔本文イラスト〕木村美穂

小1担任のための
スタートカリキュラムブック

2024年3月初版第1刷刊　Ⓒ著　者	安	藤	浩	太
発行者	藤	原	光	政
発行所	明治図書出版株式会社			

http://www.meijitosho.co.jp
（企画）林　知里（校正）井草正孝
〒114-0023　東京都北区滝野川7-46-1
振替00160-5-151318　電話03(5907)6703
ご注文窓口　電話03(5907)6668

＊検印省略　　　組版所　株式会社木元省美堂

Printed in Japan　　　　ISBN978-4-18-225427-7
もれなくクーポンがもらえる！読者アンケートはこちらから